# 放蕩息子の帰郷

## 父の家に立ち返る物語

*The Return of the Prodigal Son*

ヘンリ・ナウエン

*Henri J. M. Nouwen*

片岡伸光……………訳

あめんどう

わたしの父
ローレン・J・M・ナウエンのために
90歳の誕生日を迎えて

放蕩息子の帰郷　■　もくじ

## 第三部　父



聖書の引用は、指定がないかぎり、おもに『聖書 新共同訳』（日本聖書協会）を使用

## 二人の息子と父の物語（ルカによる福音書15・11〜32）

ある人に息子が二人いた。弟の方が父親に、「お父さん、わたしが頂くことになっている財産の分け前をください」と言った。それで、父親は財産を二人に分けてやった。何日もたたないうちに、下の息子は全部を金に換えて、遠い国に旅立ち、そこで放蕩の限りを尽くして、財産を無駄使いしてしまった。

何もかも使い果たしたとき、その地方にひどい飢饉《ききん》が起こって、彼は食べるにも困り始めた。それで、その地方に住むある人のところに身を寄せたところ、その人は彼を畑にやって豚の世話をさせた。彼は豚の食べるいなご豆を食べてでも腹を満たしたかったが、食べ物をくれる人はだれもいなかった。そこで、彼は我に返って言った。「父のところでは、あんなに大勢の雇い人に、有り余るほどパンがあるのに、わたしはここで飢え死にしそうだ。ここをたち、父のところに行って言おう。『お父さん、わたしは天に対しても、またお父さんに対しても罪を犯しました。もう息子と呼ばれる資格はありません。雇い人の一人にしてください』と」。そして、彼はそこをたち、父親のもとに行った。

ところが、まだ遠く離れていたのに、父親は息子を見つけて、憐れに思い、走り寄って首を抱き、接吻した。息子は言った。「お父さん、わたしは天に対しても、またお父さんに対しても罪を犯しました。もう息子と呼ばれる資格はありません」。しかし、父親は僕《しもべ》たちに言った。「急いでいちばん良い服を持って来て、この子に着せ、手に指輪をはめてやり、足に履物を履かせなさい。それから、肥えた子牛を連れて来て屠《ほふ》りなさい。食べて祝おう。この息子は、死んでいたのに生き返り、いなくなっていたのに見つかったからだ」。そして、祝宴を始めた。

ところで、兄の方は畑にいたが、家の近くに来ると、音楽や踊りのざわめきが聞こえてきた。そこで、僕の一人を呼んで、これはいったい何事かと尋ねた。僕は言った。「弟さんが帰って来られました。無事な姿で迎えたというので、お父上が肥えた子牛を屠られたのです」。兄は怒って家に入ろうとはせず、父親が出て来てなだめた（中に入るようにとしきりにうながした※1）。しかし、兄は父親に言った。「このとおり、わたしは何年もお父さんに仕えています。言いつけに背いたことは一度もありません。それなのに、わたしが友だちと宴会をするために、子山羊一匹すらくれなかったではありませんか。ところが、あなたのあの息子が、娼婦どもと一緒にあなたの身上を食いつぶして帰って来ると、肥えた子牛を屠っておやりになる」

すると、父親は言った。「子よ、お前はいつもわたしと一緒にいる。わたしのものは全部お前のものだ。だが、お前のあの弟は死んでいたのに生き返った。いなくなっていたのに見つかったのだ。祝宴を開いて楽しみ喜ぶのは当たり前ではないか」

※1　ナウエンが採用している英訳

# プロローグ：ある絵との出会い

## ポスター

それほど重要とも思わなかった一枚のポスターとの出会いが、それからの霊的探求の長い冒険を始めるきっかけになった。それは、レンブラントの描いた『放蕩息子の帰郷』の一部を複製したものだった。この旅路によってわたしは、自分の召命に対する新たな理解を得、また、それを生きるための新しい力づけを得ることになる。その中心には、十七世紀に描かれた絵とその画家、一世紀に語られたたとえ話とその作者、そして二〇世紀に生き、人生の意味を捜し求めているわたしがいる。

話は一九八三年の秋、フランスのトロリーという村に始まる。わたしは数ヶ月前から、その村にあるラルシュ・コミュニティに滞在していた。それは、知的ハンディを負った人に家《ホーム》を提供する共同体で、カナダ人、ジャン・ヴァニエによって一九六四年に創設されたものである。トロリーにあるコミュニティは、いまや世界に九〇以上（訳注：現在は約一五〇）にも広がったラルシュ共同体の第一号だ。

ある日、友人のシモーヌ・ランドリエンを、コミュニティにある小さな資料室に訪ねた。話をしながらわたしの目は、ドアに張ってある大きなポスターに惹きつけられた。大きな赤いマントを羽織った人が、自分の前でひざまずく乱れた身なりの青年の肩に、やさしく手を置いている。わたしはそこから目を離すことができなかった。二人の人物の間にただよう親密さ、マントの温かみのある赤、青年の衣服の黄金色、両者を包む神秘的な光に魅せられた。しかし何よりわたしをとらえたのは、青年の肩に触れている二つの手だった。——老人の両手——。その絵に描かれているように、その両手には、これまでだれも触れたことのないわたしの内面のある部分に触れるものがあった。

わたしは、シモーヌとの会話に集中できないでいる自分に気づき、こう言った。

「そのポスターについて話してくれませんか?」

「あれね。レンブラントの『放蕩息子』の複製です。気に入りましたか?」

わたしはポスターにじっと見入りつつ、口ごもりながらやっとのことで言った。

「素晴らしい。いや、それ以上だ。……見ていると、何だか泣きたくなるような、笑い出したくなるような……何と言うか、心に深く触れるものがあります」

「それなら、あなたも複製を手に入れたらいいですね。パリで買えますよ」

「ええ、必ずそうします」

初めて『放蕩息子』を見たとき、わたしは六週間にわたる米国での講演旅行を終えたばかりで疲れ切っていた。中南米における暴力と戦争を防ぐために、できることを何でもするように、各地のキリスト者共同体に呼びかけてきた。わたしはへとへとに疲れ果て、歩くのもやっとというありさまだった。不安で、孤独で、落ちつきがなく、助けをとても必要としていた。旅行中は、自分を正義と平和のための力強い闘士のように感じ、恐れることなく闇の世界に立ち向かっているかのように思えた。

しかし、すべてが終わったいま、わたしは母親の膝にはい上がって泣き出しそうな、かよわい小さな子どものように自分を感じた。わたしを激励したり、ののしったりした聴衆が去るや、わたしは途方もない孤独感に襲《おそ》われ、心と体を休ませてくれるなら、簡単に誘惑にのってしまいそうだった。

シモーヌのオフィスで、レンブラントの『放蕩息子』に初めて出会ったのは、こうした状態のときだった。この絵を見たとき、わたしの心は喜び、踊った。心身を使い果たす長旅を終えたそのとき、わたしがいちばん必要としていたものが、父と子との深い愛情にあふれた抱擁だった。わたしはまさに、長旅で疲れ切った息子だった。わたしは抱きしめて欲しかった。安全だと感じられる家を探していた。息子が家に帰るとは、じつにわたしのことであり、わたしが望んでいたことだった。それまでのわたしは、長い期間、あちこち旅をしながら、対決し、懇願し、警告し、人を慰めるという生活を送っていた。いまやわたしの唯一の望みは、自分が属していると感じられる場所で、また自分の家だと感じることのできる場所で、安らかに休むことだった。

それから数ヶ月、また数年間のうちに、さまざまなことが起きた。極度の疲労状態から回復してから、学校で教えたり、講演の旅に出るという元の生活に戻ったが、レンブラントの「抱擁」は、その場限りのどんな慰めよりも、わたしの魂に深い安らぎを与えた。その姿は、多忙な生活の浮き沈みをはるかに超えた、自分の内なるものに触れさせてくれた。それは、しだいに深まっていく人間としての霊的な渇き、終《つい》の住まいへの憧《あこが》れ、すなわち、揺るぎない安心という感覚、永遠の住まいへの渇望というものになって姿を現わした。多くの人々とかかわり、多くの問題に取り組み、多くの場所で講演しながらも、『放蕩息子の帰郷』はつねにわたしと共にあり、ますますわたしの霊的生活に重要な意味を持つようになっていた。永遠の住まいへの渇き、この絵によって意識されるようになった憧れは、いつのまにか、画家レンブラントを忠実な同伴者、また案内役としながら、さらに深く、強くなっていった。

レンブラントのポスターを初めて見てから二年後、わたしはハーバード大学を退職し、トロリーのラルシュに戻って丸一年過ごすことにした。その目的は、自分がラルシュ共同体で、知的ハンディを負った人々と生活を共にするように招かれているかどうか見極めることだった。この滞在中、わたしはレンブラント自身と『放蕩息子』に、特別な親近感を覚えた。どのみち、わたしは新しい家を捜し求めていた。わたしと同じオランダ人のこの画家は、この家捜しの同伴者として、特別にわたしに与えられたかのようだ。

トロリーで過ごす一年が終わる前に、わたしはラルシュを自分の新しい家とする決心をし、カナダのトロントにあるデイブレイク・コミュニティに移ることにした。

## 絵との対面

トロリーを去る直前、友人のボビー・マッシー夫妻とダナ・ロバートから、ソ連旅行に加わらないかという誘いを受けた（訳注：当時は旧ソ連邦）。即座に頭に浮かんだのは、「これで実物にお目にかかれる」ということだった。この傑作に関心を持ち始めてから知ったことだが、原画は一七六六年、エカテリーナ二世がサンクトペテルブルク（ロシア革命後、レニングラードと改名、最近元の名に戻る）にあるエルミタージュ美術館のために入手し、いまも当時と変わらずそこにある。

実物を見る機会が、これほど早く訪れるとは夢にも思わなかった。また、これまでの人生で、わたしの思考、情緒、感情に非常に強い影響を与えてきた国を、じかに体験できるのは楽しみだ。しかし、心のもっとも深い憧れを啓示してくれたあの絵と対面することは、それ以上の大きな意味がある。

この旅の始まりから分かっていたことだが、今後ラルシュに加わるという決断とソ連訪問の間には、密接なつながりがあった。その結びつきが、レンブラントの『放蕩息子』であることは確かだった。この絵さえ見れば、これまで体験したことのない「帰る」ということの神秘の中に、入っていけるのではないかという予感がした。

疲労困憊させられた講演旅行から安らぎの場に帰ることは、まさに家に帰ることを意味していた。教師と学生に囲まれた世界をあとにして、知的ハンディを負った人々のコミュニティでの生活に入ることは、さながら里帰りのように感じられる。厳重な監視と壁で閉ざされた国境線で、全世界から自らを隔離してきた国の人々と出会うことも、ある意味で家に帰ろうとする努力だった。しかし、そうした努力の背後に、あるいはそのすべてを超えて、わたしが「家に帰る」ことに求めていたのは、両手を広げてわたしを待ちながら、永遠の抱擁の中にわたしを抱きしめたいと願っておられる方に向かって、一歩ずつ近づくことにほかならなかった。

この霊的な「帰郷」ということを、レンブラントが深く理解していたことは分かっていた。『放蕩息子』を描いたとき、真の意味で終《つい》の棲家《すみか》にいると彼が自覚して生きていたことをわたしは知っている。もしわたしが、彼が制作している現場に、すなわち、父と子、神と人、憐れみと悲惨とを一つの愛の輪の中に描いている場に立ち会うことができたら、生と死について、これまでにないほど多くを知ることができただろうと感じた。また、やがていつの日か、愛についてわたしがもっとも言い表わしたいことを、このレンブラントの傑作を通して表現できるかもしれない、という希望を感じた。
サンクトペテルブルクに来れてよかったが、エルミタージュ美術館で『放蕩息子』を静かに眺める機会が持てるなら、まったく別次元の体験ができるだろう。入館を待っている人々の長蛇の列を見たとき、いちばん見たい絵をどうやって、またどれくらい長く見られるだろうかと心配になった。

しかし、ほどなくわたしの心配は消えた。この街で予定していた旅行日程を終え、わたしたちのグループのほとんどが帰国したが、旅行に誘ってくれたボビーの母、スザンヌ・マッシーがちょうどソ連に来ていて、数日間一緒に滞在するようにと招いてくれた。スザンヌは、ロシア文化と芸術の専門家で、その著書『火の鳥の国』は、旅行の準備に大いに役立った。わたしはスザンヌに、「どうにかして、『放蕩息子』を近くから見ることができないでしょうか？」と尋ねた。彼女は、「ヘンリ、心配いらないわ。お気に入りの絵を見たいだけ見られるようにしてあげましょう」と言ってくれた。

滞在の二日目、スザンヌは連絡方法を教えてくれた。「これは、アレクセイ・ブリアンツェフの事務所の電話番号です。わたしの良い友人なの。彼に電話してください。そうすれば、あの絵を見られるようにしてくれるでしょう」。わたしはすぐに電話した。驚いたことに、アレクセイ本人が電話に出た。いくらかロシアなまりの英語で、旅行者用とは離れた入口のドア近くで会う約束をしてくれた。

一九八六年七月二六日土曜、午後二時半、わたしはエルミタージュ美術館を訪ねた。ネヴァ川に沿って歩き、正面玄関を通り過ぎ、アレクセイが指示した入口を見つけた。中に入ると、大きな机の奥に座っていた人が、内線電話を使わせてくれた。数分後、アレクセイが姿を見せ、とても親切に迎えてくれた。わたしは彼の案内で、豪華な回廊と優雅な造りの階段を通り、旅行者用通路から離れた人気《ひとけ》のない部屋に案内された。

そこは天井が高く、細長い部屋で、昔の芸術家のアトリエのように見えた。あたり一面に絵が積み重ねてあり、中央にある大きなテーブルと椅子の上には、書類その他の雑多なものがところ狭しと載せてあった。腰を下ろして少し話すうちに、アレクセイはこの美術館の修復部の部長であることが分かった。レンブラントの絵としばらく時間を過ごしたいというわたしの希望に、彼は過分な親切と理解を示し、必要なあらゆる便宜を図ってくれた。そして、すぐにわたしを『放蕩息子』の絵の前に連れて行き、邪魔をしないようにと守衛に告げ、わたしを残して立ち去った。

こうしてわたしは、三年近くずっと心に抱き続けた絵と対面した。その壮麗な美はわたしを圧倒した。実物以上に感じる雄大なスケール、ふんだんに使用されている赤、茶、黄の配色、背景の陰影と前景の輝き。とりわけ、光に包まれた父と子の抱擁の姿、また、それを眺める四人の不思議な人物。これらすべては、想像をはるかに超えた力強さでわたしの心を奪った。本物を見て、かえって落胆するのではないかと思ったこともあったが、結果はまったく逆だった。この壮大な傑作を前に、すべての心配は霞《かす》み、わたしの心は完全にとらえられた。ここに来たこと自体が、じつに家に帰ることだった。

いくつもの旅行者グループが、ガイドに引率されて足早に通り過ぎて行く。そうした中で、絵の前に置かれた赤いビロード張りの椅子の一つにわたしは腰をかけ、ただただ、その絵を見つめ続けた。いま、わたしは本物を見ている！　帰宅した息子を抱きしめている父だけでなく、長男と他の三人の人物を。それは、キャンバスに描かれた油絵の大作で、縦約二・六メートル、横約二メートルにもなるものだった。

自分をただ単純にその前に置くこと、あれほど対面したいと憧《あこが》れていた絵の前にわたしがいるという現実をそのまま受け止めること、あれほど長く見たいと願ってきた『放蕩息子』を、サンクトペテルブルクのエルミタージュ美術館で、ほかのだれでもない、このわたしが座って見ているのだという事実を楽しむのに、しばらくの時間を要した。

絵は、もっとも鑑賞に適するように展示されており、近くの大きな窓から日の光が八〇度の角度でたっぷり当たるようになっている。ずっとそこに座っていると、午後の時間の経過と共に、光はよりふんだんに、より強くなってくることが分かった。午後四時、太陽が新しい輝きを放って絵を照らすと、それまでぼんやりしていた背景の人物が、暗い隅のほうから前面に進み出るかのように見えた。

夕方近くになると、日光が引き締まり、きらきらとして目を射るばかりになった。それにつれて父と子の抱擁も、ますます強く、深まってきた。また背景の人物たちも、この和解、赦し、内的癒しの不思議な出来事の中に、ますます深く加わってくるように見えた。しだいに気づいたことだが、日の光の変化の数に匹敵するくらい多くの『放蕩息子』が存在する。長い間わたしは、この光と芸術の優雅な舞踏に見とれていた。

知らないうちに二時間以上が過ぎ、アレクセイが戻って来た。やさしい微笑《ほほえ》みと励ますようなしぐさで、「少し休んだほうがいい」とお茶に誘ってくれた。彼の案内でいくつかの豪華なホールを通り過ぎると——建物の大部分は、かつて皇帝が使用した冬の宮殿である——前に寄った仕事場に戻った。アレクセイと彼の同僚は、テーブルいっぱいのパン、チーズ、お菓子を用意し、それらをみな食べるようにと勧めてくれた。

『放蕩息子』と共に、しばし静粛な時を過ごしたいと願っただけなので、美術館の修復部の人たちと一緒に、午後のコーヒーをいただこうとは夢にも思っていなかった。アレクセイと彼の同僚は、その絵について彼らが知っているすべてをわたしに教えると、その後、わたしがなぜこれほどまでこの絵に魅せられているかを知りたがった。この絵について、わたしの霊的な観察や思索を話すと、彼らは驚いたばかりでなく、少し当惑しているようにも見えた。彼らは注意深くじっと耳を傾け、もっと話してくれるようにとしきりに願った。

コーヒーのあと、わたしは絵の前に戻り、もう一時間過ごした。ついに守衛と掃除婦がやって来て、断固とした口調で、すでに閉館の時間であること、もう充分長い時間わたしはそこにいたということを教えてくれた。

四日後、もう一度絵を見に行った。その時に起きたおもしろい出来事について、ぜひお話したい。絵に当たる朝日のせいで、画面のニスがまぶしい光を反射していたので、わたしは赤いビロード張りの椅子を持って、光にじゃまされない、絵の人物がはっきり見える場所に移動した。守衛――軍隊風の制服制帽のまじめそうな青年――は、わたしのしたことを見て、その大胆さに気も転倒せんばかりになった。そしてわたしのところに来て、ロシア語でまくしたてながら、世界共通の身振りで椅子を元の位置に戻すようにと命じた。わたしは太陽とキャンバスを指さし、自分がなぜ椅子を動かしたかを説明しようとしたが、まったくの無駄だった。

しかたなく椅子を元の位置に戻し、わたしは床の上にじかに座ることにしたが、それは守衛の心証をさらに悪くさせただけだった。理解を得ようとして、もう一度熱心に説明を試みた結果、彼はわたしに、窓の下にある暖房器の上に座るように言ってくれた。それに従うと、絵はよく見えた。ところがそこに外人観光局のガイドが、その日の最初の観光客グループを連れて通りかかった。彼女はわたしのところに来て、暖房器から降り、ビロードの椅子に座るようにと厳しく命じた。今度はそのことで、守衛のほうがひどく怒り出し、ガイドに向かって激しい言葉と身ぶりで、「彼を暖房器の上に座らせたのは自分だ」と言った。ガイドは納得しかねる様子だったが、しぶしぶ観光客のほうに注意を向けた。観光客らは、レンブラントの絵に見とれ、描かれた人物の大きさに驚いていた。

数分後、アレクセイがわたしの様子を見に来ると、守衛は即座に彼に近づいて長々と話し始めた。明らかに守衛は、いま起こったばかりのことを説明している様子だったが、二人の会話があまりに長く続いたので、どうなることかと少し心配になってきた。そのうち突然、アレクセイは出て行ってしまった。わたしは、彼を怒らせてしまったと思い、こんな騒ぎを起こしてたいへん申しわけないと思った。ところが十分後、赤いビロード張りのクッションと金色に塗られた脚のついた、座り心地良さそうな大きな肘掛椅子を持って現われた。何とわたしのためだった！

彼は茶目っ気たっぷりに、絵の真ん前に椅子を据えつけ、そこに座るようにとわたしに言いつけた。アレクセイも、守衛も、わたしも、みなにっこりした。自分専用の椅子があるので、もはやだれも文句を言えなかった。突然、すべてが喜劇に見えた。だれも座っていない備え付けの三脚椅子に触れてはならず、元宮殿の他の部屋から運び込まれた豪華な肘掛椅子なら、どこでも自由に動かせるとは、何ともったいぶった官僚主義であることか！　これらの出来事を、一部始終目撃した絵の人物たちも、わたしたちと一緒にニヤリとしたのではなかろうか。もちろん、確かめる術はないが。


こうしてわたしは、合計四時間以上も『放蕩息子』の前で過ごし、ガイドから聞いたこと、観光客の話したこと、日光の強さが増したり弱まったりする中で見えてきたこと、また、かつてイエスが語り、レンブラントが描いた物語の中にますます引き込まれつつ、心のもっとも奥底で経験したことなどをノートに書き込んだ。ここで過ごした貴重な時間は、いつか、どこかで実を結ぶことがあるだろうかと思いながら。

そこを去るとき、こんなに長い間わたしに忍耐を示してくれたあの若い守衛に、感謝の念を伝えたかった。大きなロシア帽に隠れた彼の目をのぞき込むと、赦されることを切に願っておどおどしたわたしと同じような人間がいた。髭《ひげ》のない若々しい顔から、非常にやさしい微笑《ほほえ》みがあふれ出た。わたしも微笑み、二人とも安らかな思いで別れた。

## 目の前の出来事

エルミタージュ美術館を訪れた数週間後、わたしはトロントのラルシュ・デイブレイクに加わり、コミュニティの牧者となった。丸一年かけて自分の召命を確認し、知的ハンディを持つ人々と共に生きることへの招きを確かめたはずだったが、相変わらずその生活への大きな不安を抱えていた。それまで、知的ハンディを持つ人々に充分な関心を払ってきたわけではなかった。わたしの関心はもっぱら、大学生たちと彼らの問題にかかわることに向けられてきた。わたしが学んできたことは、講義の仕方、本の書き方、物事の系統だった説明の仕方、表題と副題のつけ方、議論と分析の仕方といったものだ。

ほとんど話さない人々、話したとしても論理的な議論や、よく考えた上での主張というものに興味を示さない人々と、自分がどうかかわったら良いか、ほとんど見当もつかなかった。さらには、頭よりも心で聴く人たち、わたしの話よりわたしの生き方に敏感に反応する人たちに、どうやってイエスの福音を告げ知らせたら良いか、なおさら見当がつかなかった。

一九八六年八月、わたしはデイブレイクに来た。正しい選択をしたという確信はあっても、それからのことを考えて、心は不安でいっぱいだった。それでも、二〇年以上の教員生活を終えて確信したことは、神は心の貧しい人々を特別に愛されていること、そしてわたしは何も与えられなくとも、彼らがわたしに多くを与えてくれるだろうと信じる時が来たということだ。

デイブレイクに着いて最初にしたことは、『放蕩息子』のポスターを貼るのに良い場所を捜すことだった。理想的に思えた場所は、わたしにあてがわれた事務所だった。そこに座って読んだり、書いたり、だれかと話したりするとき、いつも父と子の神秘的な抱擁を目にすることができる。そのころまでにこの絵は、わたしの霊的旅路にとって欠かせない糧となっていた。

エルミタージュ美術館を訪れて以来、絵の中の四人の人物に、より注意を払うようになった。帰ってきた息子と父が抱擁している光の当たった場をとり囲むように、二人の女と二人の男がいる。目の前の抱擁を見守りながら、彼らが何を思い、何を感じているかをよく考える。この立会人たち、もしくは傍観者たちについては、あらゆる解釈が可能だ。

自分自身の過去を振り返ると、いかに長い間、自分は傍観者であったかに、ますます気づくようになった。長年わたしは、学生たちに霊的生活のさまざまな側面について教え、それを生きることの大切さを分からせようとしてきた。しかし、わたし自身はどうだったか。中央の光の場に進み出てひざまずき、この絵の息子のように、赦してくださる神に身をゆだねたことがあっただろうか。

これまでのわたしは、自分の意見を言ったり、議論を組み立てたり、自分の立場を守ったり、自分に与えられたヴィジョンを明確にしたりすることで、心の落ちつきや物事を掌握しているという感覚を得ていた。そしてほとんどの場合、何が起こるか分からない状況に身をまかせてリスクを冒すより、状況をコントロールしている感覚を味わうほうが、ずっと安全に思えた。

確かにこれまでのわたしは、何時間も祈り、多くの日々や月日をリトリート（黙想会）に費やし、霊的指導者と数え切れないくらい対話を重ねてきたが、傍観者の域から決して出ることはなかった。わたしの内には、当事者として物事を見たいという深い渇きがあったが、それでも傍観者として外側から物事を見るという立場を、繰り返し、繰り返し選び続けてきた。こののぞき見は、ときに好奇心からであり、ときに嫉妬《しっと》からであり、ときに不安からであり、ときに愛から出たものでもあった。

冷ややかな傍観者という、ある意味で安全な立場を捨てることは、まったくの未知の領域へ思い切って飛び込むかのように思われた。わたしは、自分の霊的旅路をいくらかでもコントロールし続けたい、その成果の一部でも予測できる余地を残したいと強く望んでいたので、傍観者の保証された立場を放棄し、父のもとに帰る息子の弱々しい立場に立つことは、ほとんど不可能のように思えた。

学生を教える、つまり、イエスの言葉や行為について何世紀もなされてきた解釈を伝えたり、過去の人々が選択したさまざまな霊的遍歴を紹介したりすることは、神の抱擁を周りから見るだけの傍観者の立場に自分を置くことと同じだと思えた。

父親の背後で、それぞれ距離を保って立っている二人の女、椅子に腰かけて出来事を見ているが、だれにも目に留めていない男、それから、自分の目の前で繰り広げられている場面を、直立して批判的に眺めているだけの背の高い男――彼らはみなそれぞれの仕方で、そこに巻き込まれないですむ方法を示している。

そこには、無関心、好奇心、白昼夢、また注意深い観察がある。そこには、好奇の目、じろじろ見つめる目、注意深い目、眺めるだけの目がある。そこには、背後に立ったままの、アーチに寄り掛かったままの、腕組みして座ったままの、両手の指を組んでつっ立ったままの姿がある。こうした心と体の姿勢は、どれもあまりになじみ深い。ある姿勢は他より楽であるにしても、それらはみな、直接かかわりたくないという態度だ。

大学で教える立場から、知的ハンディを負った人々と共に生きる立場に移ったことは、少なくともわたしにとって、絵の中で父が息子を抱擁している台に近づく一歩だった。それは光の当たる場であり、真理の宿る場、愛のある場である。そこにいることができたらと、切にわたしが追い求めている場であり、しかも、そうすることをひどく恐れている場である。わたしが渇望しているすべて、希望しているすべて、必要とすることすべてが満たされる場であり、しかも、自分がもっとも握りしめていたいものをすべて手放さねばならない場である。そこは、愛、赦し、癒しを真に受け入れるのは、それを与えるよりずっと難しいことが多いという事実を突きつけられる場である。そこは、勝ち取ったり、認められたり、報われたりすることを超えた場である。そこは、明け渡す場、完全な信頼を求められる場である。

デイブレイクに足を踏み入れたとき、リンダという若く美しいダウン症の女性が、「ようこそ」と言いながらわたしに抱きついてきた。彼女は、新しく来た人にはだれにでもそうする。いつでもそのようにする。確信と愛からためらいなくそうする。しかし、どうやってそのような抱擁を受け止めたら良いのか。リンダはそれまで、わたしと一度も会ったことがなく、わたしがデイブレイクに来るまで何をして生きてきたかも知らない。わたしの心の暗闇をのぞき見ることも、光の部分に気づくこともなければ、わたしの本を読んだことも、講演を聞いたことも、まともに言葉を交わしたこともない。

わたしはただ微笑《ほほえ》んで、彼女を愛らしいと思い、何ごともなかったかのように通り過ぎればいいのだろうか？　それともリンダは、あの光の場のどこかに立って、「こちらに来てください。そんなに恥ずかしがらないでください。あなたのお父さんは、あなたも抱きしめたいのです！」と、そのしぐさで伝えているのだろうか？

リンダの歓迎も、ビルの握手も、グレゴリーの微笑みも、アダムの沈黙も、レイモンドの片言も、これらのしぐさを「解釈」してすませるか、あるいは、もっとこちらへ、もっと近くへという招きとして単純に受け入れたら良いのか、いつも選択を迫られるようだ。

デイブレイクで過ごしたこれまでの数年は、決して容易なものではなかった。心にいつも多くの闘いを抱え、精神的にも、感情的にも、霊的にも、痛みを感じてきた。その何一つとして克服したと言えるものはない。しかし、はっきりしているのは、ハーバードからラルシュへの移動は、見物人から当事者への、裁く者から悔い改める罪人《つみびと》への、愛について教える者から、神に愛されている者として愛してもらうことへの、ほんのわずかな一歩に過ぎなかったということだ。

この旅路が、どんなに厳しいものになるか、まるで分かっていなかった。わたしの内の反抗心がどんなに深く根を張っているか分かっていなかった。我に返ってひざまずき、涙のあふれるままにすることが、どんなに苦しい闘いを要するものか分かっていなかった。つまり、レンブラントの絵が描き出している重大な出来事に真に参与することが、どんなに難しいことか、まるで分かっていなかったのだ。

中央にある、光が差す場へと向かう旅路は、その小さな一歩一歩が不可能な要求のように思えた。それは、物事を思い通りにしたいという思いをもう一度手放し、予測可能な生活への願望をいま一度諦め、どこに導かれるか分からないという恐れにもう一度死に、限りない愛にいま一度身をゆだねることが求められる。それでも、無条件に自分を愛してもらわないなら、愛の命令を生きることは決してできないと、やっとのことで分かってきた。

愛について教える立場から、愛されるままの状態に自分を置くことへの旅路は、思っていたより、はるかに長い道のりを必要とするものだった。

## たどるべき唯一の道

デイブレイクに来てからの出来事の多くを、日記やノートに書き留めてきた。しかし、そのまま他人と分かち合えるものはあまりない。表現があまりに生々しく、あまりに雑音が混じり、あまりに「血なま臭く」、あまりにむき出しであるからだ。しかし、いまようやく混乱の時期を振り返って、以前より客観的に、それらの闘いのすべてを通じて導かれてきた場を描くことができる時がきた。

わたしはまだ御父の安らかな抱擁に全身をまかせられるほど自由ではない。わたしはまだ旅の途上にある。いまだに放蕩息子のようだ。父の家に向かって旅をしながら、どう話そうかと準備し、家に着いたときのことをあれこれ思案しているところだ。それでも、とにかくわたしは家に向かっている。かの国をはるかに離れ、愛の気配を感じられるところまで来ている。ここまで来てようやく、自分についての話を分かち合える準備ができた。そのことに、いくらかの希望、いくらかの光、いくらかの慰めを見出せるようになった。過去数年間、わたしの体験したことの多くは、混乱や失望を表わすというよりは、光へと向かう旅路の通過点となった。

レンブラントの絵はこの時期を通じて、ずっとわたしのそば近くにあった。わたしはよくこの絵を持って移動した。自分の事務所からチャペルへ、チャペルから祈りの家「デイスプリング」の居間へ、そこから再度チャペルへといった具合だ。わたしはデイブレイクの内外で、この絵について何度も話してきた。聴衆は、知的ハンディを負った人々とその介助者《アシスタント》、牧師や司祭、その他さまざまな職業の人々だった。『放蕩息子』について話せば話すほど、その絵はわたし自身を表わしているように思えてならなかった。

それは、神がわたしに語りたいと望んでおられる物語の核心だけでなく、わたしが神に、そして神の民に語りたい物語の核心を突いている。そこには福音のすべて、わたしの人生のすべて、友人たちの人生のすべてがある。その絵は、わたしを神の国に踏み込ませる神秘的な窓になった。それは、さながら巨大な門のようでもあり、存在のもう一つの側面にわたしを導き入れ、日々の人々との出会いと出来事との意外な関係を、背後から見させてくれる。

長い間わたしは、孤独と愛、悲しみと喜び、怨恨《えんこん》と感謝の念、戦争と平和という、人間の持つさまざまな経験を注意深く観察することで、そこから少しでも神をとらえようとしてきた。人間の魂の高揚と落胆についての理解を深め、愛という名の神だけが満たすことのできる渇きを見分けようとしてきた。過ぎゆくものを超えた永続、移ろいゆくものを超えた永遠、身をすくませる恐れを超える完全な愛、人間の持つ苦痛と苦悩という悲惨さを超える神聖な慰めを見出そうとしてきた。はかない性《さが》の人間存在を超えて、わたしたちの想像する以上の、もっと大きな、もっと深い、もっと広く、さらに美しい臨在を、信じようとする者はすでに見ることができ、聴くことができ、触れることができるものとして、つねに指し示し、話そうと努めてきた。

また一方、ここデイブレイクにいる間、それまでに過ごしたことのなかった内なる場に導かれていった。その場所は、神が住むことを選ばれたわたしの心の中にある。それは、わたしの名前で呼びかけ、「あなたはわたしの愛する子、わたしの心に適う者」（ルカ3・22）と語りかけてくださる、すべての愛なる方である御父に安らかに抱かれる場である。それは、この世にはない喜びと平和を味わうことのできる場である。

この場所は、ずっとそこにあった。わたしは、恵みの源がそこにあると前から気づいていた。しかし、そこに入ることも、そこで真に生きることもできていなかった。「わたしを愛する人は、わたしの言葉を守る。そうすれば、わたしの父はその人を愛され、父とわたしとはその人のところに行き、一緒に住む」(ヨハネ14・23）とイエスは言われた。この御言葉は、つねにわたしに深い感動を与えてきた。わたしこそが、神の住まわれる家なのだ！

しかし、この御言葉の真理を体験することは、いつも非常に困難だった。確かに、わたしという存在のもっとも奥深くに神は住んでおられる。しかし、次のイエスの呼びかけを、どう受け入れたら良いだろうか？「わたしがあなたの中に住んでいるように、あなたもわたしの中に住まいなさい」(英訳：ヨハネ15・4)。この招きは明解であり、曖昧《あいまい》なところがない。神が住まいを定めたところに自分の住まいを定めること、これは重大な霊的チャレンジだ。それは、実行不可能な課題に思える。

わたしは自分の思考、感覚、感情、情熱を尽くして、神がご自分の住まいを定めるのを選んだ場から つねに遠ざかってきた。その家に帰ること、神が住んでおられる場所に留まり、そこで真理と愛のこめられた声を聴くこと、じつにそれは、わたしがもっとも恐れていた旅だった。なぜなら、神はわたしの何もかもを絶えず求める嫉妬《しっと》深い恋人であると知っているからだ。そのような愛を、いつわたしは受け入れる覚悟ができるだろう。

神ご自身がその道を示してくださった。わたしの感情的、身体的危機が、デイブレイクの多忙な生活を中断させ、強制的に——荒々しい力で——帰郷をうながし、神が見出されるところに神を捜し求めるよう、すなわち、わたし自身の内なる聖所の中に、神を捜し求めるようにさせた。

わたしは、そこへ到達したと言うことはできない。いや、この世では決して到達できないだろう。なぜなら、神への道は、死の境を超えてはるか先に続いているからだ。それは長く、さまざまなことが求められるが、同時に、素晴らしい驚きでいっぱいであり、ついにはたどり着くであろうゴールの味わいを教えられることの多い旅路だ。

初めてレンブラントの絵を見たときには、自分の内にある神の住まいに、いまほどなじんではいなかった。それでも、父が子を抱擁している姿を見て受けた強烈なわたしの反応は、絵の中の青年と同じように、安らかに抱いてもらえる内なる場所を、自分も必死に求めていたことを教えてくれた。そのときは、その場所にいくらか近づくことで、何を求められるか予測していなかった。神がわたしのために何を計画しておられたか、あらかじめ知らなかったことに感謝している。そして、あらゆる心の内の痛みを通して、わたしの内に新しい場所が開かれたことについても感謝している。

いまわたしは、新しい召命を受けている。それは、新しく開かれた場所から、わたし自身と人々の、さまざまな気ぜわしい生活の場に向かって話し、書くという召命だ。そのためには、御父の前にひざまずき、その胸に耳をもたせかけ、途切れることなく心臓の鼓動に聴き入るようにしなければならない。そうしてこそ、自分が聴いたことをていねいに、とても穏やかに伝えることができる。

わたしはいまだからこそ分かる。永遠から限りある時間に向かい、尽きない喜びからこの世のはかない存在という現実に向かい、愛の家から恐れの家に向かい、神の宿る場所から人類の住まう場所に向かい、話さねばならないということを。わたしはそれが、大それた召命であることを充分承知している。それでもなお、わたしのたどるべき唯一の道であるという確信がある。ある人はそれを、「預言者」的なヴィジョンと言うかもしれない。すなわち、神の目を通して人々とこの世界を眺めるということである。

これは、一人の人間に実現可能だろうか？　さらに重要なことは、それが本当にわたしの選ぶべき道だろうか。これは、頭で考える問いではない。これは、召命への問いだ。わたしは、自分という存在の内なる聖所、神が住まわれることを選ばれた場に入るようにと呼ばれている。そこにいたる唯一の道は祈り、しかも絶えざる祈りだ。多くの葛藤、たくさんの痛みなしにその道を歩むことはできないだろう。しかし確かなことは、絶えざる祈りだけが、わたしをそこに導き入れてくれるということだ。

# はじめに：弟息子、兄息子、そして父

『放蕩息子』と初めて出会ったあとのわたしの霊的な旅路は、本書に綴《つづ》ったわたしの物語の構成にも通じる三つの段階で特徴づけられる。

第一段階は、わたしが弟息子であるという体験だった。長年にわたって大学で教えたことと中南米問題への集中的なかかわりは、わたしの中に大きな喪失感を残した。広い地域を遠くまで渡り歩き、あらゆる生活スタイルとさまざまな信念を持った人々と出会い、多くの運動に加わった。しかし、すべてが終わったあと、住む家を失ったように感じ、ひどく疲れた。父が弟息子の肩に触れ、自分の胸近くに引き寄せて抱くそのやさしいしぐさを見たとき、自分はあの失われた息子だと深く感じ、彼がしたように自分も家に帰り、彼のように抱かれたいと思った。長い間わたしは、父が喜んで迎えてくれる瞬間を楽しみに家に向かう放蕩息子のように自分を考えた。

その後、まったく思いがけないことだが、わたしの見方にある変化が生じた。フランスでの一年を過ごし、エルミタージュ美術館を訪問して以後、自分こそあの弟息子であると思い込んでいた絶望感が、わたしの意識から薄らいでいった。わたしはトロントにあるデイブレイクに行くことに心を定めたが、その結果として、以前より自分に自信が持てるようになっていた。

霊的旅路の第二段階は、ある晩、友人のバート・ガヴィガンとレンブラントの絵について話していたときに始まった。彼はイギリス出身で、ここ何年かでとても親しくなった。わたしが彼に、自分と弟息子とをどれほど同一視しているかを盛《さか》んに強調し、説明していたとき、彼はわたしを一心に見つめ、こう言った。

「あなたは、むしろ兄息子のほうに似ているのではないでしょうか?」

彼のこの言葉は、わたしに新しい境地を開いてくれた。率直に言って、わたしはそれまで、自分を兄息子のほうだと考えたことは一度もなかった。しかし、いったん、バートにその可能性を突きつけられてから、数え切れないほどの思い当たる節《ふし》が頭の中を駆け巡った。実際、自分は両親の最初の子であるという単純な事実から始まって、いかに自分が忠実な生活をしてきたかが見えてきた。六歳のとき、すでに司祭になりたいと思い、それを決して変えたことがなかった。わたしはずっと同じ教会で育ち、そこで洗礼を受け、堅信礼を受け、叙階を受けた。そして両親、先生、司教、さらに神に対し、つねに従順だった。わたしは家出したこともなく、時間とお金を官能的な満足を求めて浪費したこともなかった。「放縦や深酒」（ルカ21・34）で自分を見失うことは決してなかった。わたしは生涯を通じて責任感が強く、伝統的であり、家と結びついていた。しかし、そうであったにしても、弟息子とまったく同じように失われていたのかもしれない。

わたしは突然、自分をまったく新しい目で見るようになった。自分の中にある嫉妬《しっと》、怒りっぽさ、強情、不機嫌、そして何よりも隠された独善を見た。自分がいかに不満でいっぱいの人間であったか、自分の思考や感情が、恨みつらみによっていかに捕らわれていたかに気づいた。一時は、いったいなぜ自分が弟息子だと考えられたのか理解できないほどだった。わたしは確かに兄息子のほうだった。生涯ずっと「家」に留まっていたのに、弟息子のように失われていた。

わたしは父の農園で身を粉にして働いてきたが、家にいる喜びを充分味わってきたかと言えば、それはまったくなかった。享受してきたすべての特権に感謝するどころか、非常に恨みがましい人間になっていた。たとえば、わたしの弟たちや妹たちが、好きなだけ冒険をしてきたことへのねたみ、そして、彼らが家に戻ったとき、とても温かく歓迎されたことへの嫉妬《しっと》があった。

こうして、デイブレイクでの初めの一年半、友人バートの鋭い指摘は、わたしの内的生き方を絶えず明らかにする案内役をしてくれた。

まだほかにもある。司祭叙階三〇周年を祝ったあとの数ヶ月のうちに、しだいにわたしは自分の内の深い暗闇にはまり込み、たいへんな苦悩を味わうようになった。自分のコミュニティにいるのに、安らかな気持ちを保てなくなり、ついにはこの葛藤の助けを求めてそこを去り、心の癒しに専念しなくてはならなかった。数冊の書物を持って行ったが、すべてレンブラントや放蕩息子のたとえ話にまつわるものだった。友人や共同体から遠く離れ、かなり孤立した場所で過ごす間、偉大なオランダ人画家の辛酸をなめた生涯を読んで大きな慰めを得た。さらには、あの堂々とした作品を描くことを可能にした画家の苦闘の旅路を、より深く学ぶことができた。

挫折、幻滅、悲嘆のただ中で描き上げた傑出したデッサンや油絵に、じっと見入りながら何時間も過ごすうち、すべてを赦す憐れみに満ちたしぐさで自分の息子を抱く、全盲に近い老人の姿が、どのようにレンブラントの絵筆から姿を現わすにいたったか理解できるようになった。これほどまでにへりくだった神の肖像を描くためには、画家はいくつもの死によって死を体験し、何度も泣き叫ばねばならなかったのだ。(1)

耐えられないような心の痛みにわたしが苦しんでいた期間、もう一人の友人が、さらに耳を傾けるべき言葉を語ってくれた。そして、それがわたしの霊的旅路の第三段階への扉を開くことになった。その人はスー・モステラーといい、七〇年代の初めからデイブレイクで過ごしている人で、わたしが転居するさいに重要な役割を果たしてくれた。また、わたしが苦しんでいたとき、なくてはならない支えとなり、どんな苦しみにあるときも真の内的自由にいたるために、それと格闘するように励ましてくれた。彼女がわたしの「隠遁所《エルミタージュ》」を訪ねて来て、『放蕩息子』について話し合ったときのことだ。彼女はこう言った。

「あなたが弟息子であろうが兄息子であろうが、父となるように召されていることに気づくべきです」

彼女の言葉は、雷のようにわたしを打った。というのは、この絵と何年も共に生活し、息子を抱き留める老人を見つめてきたのに、父のあり方が、わたしの人生における召命をそれ以上ないほどに表現しているとは、一度も思いつかなかったからだ。スーは、反論するいとまも与えなかった。

「あなたはこれまでの人生で、ずっと友人を捜し求めてきました。少なくともわたしと知り合いになった間、人からの情愛にずっと渇いていました。あなたはあらゆるものに興味を持ち、人から注目されたり、感謝されたり、すべての人から受け入れられたいと切望してきました。いま、あなたの真の召命を自分のものにする時がきたのです。つまり、何も問いただすことなく、何の見返りも求めることなく、自分の子どもたちを歓迎して家に迎え入れる父になるという召命です。絵に描いてある父をよく見てください。そうすれば、あなたが何になるべく呼び出されているかを知るでしょう。デイブレイクにいるわたしたちも、あなたの接する人々も、あなたに良い友人や親切な兄弟になっていただく必要はないのです。わたしたちにとって必要なのは、あなたが真の憐れみという権威を自分のものにした父であることです」

赤一色のマントで覆《おお》われた髭《ひげ》の老人に見入りながら、自分をそのように考えることに深い抵抗を感じた。わたしは浪費家である弟、もしくは恨みがましい兄と自分を同一視することに何の抵抗もなかった。しかし、すべてを失ったために何も失うものがない、ただ与えるだけの年老いた男に自分をなぞらえるという考え方は、わたしを恐怖で圧倒した。ほかでもないレンブラントは、六三歳で亡くなった。そしてわたしは、二人の息子のどちらの年齢でもなく、レンブラントの年齢にはるかに近い。レンブラントは、自分自身を父の立場に置こうとした。そうであるなら、わたしもそうできないはずがあるだろうか？

スー・モステラーのチャレンジを受けてからの一年半は、霊的な意味での父のあり方を受け止めようとした時だった。それは、ゆっくりとした根気のいる格闘だった。そしてときに、「息子のままでいたい」、「年をとりたくない」という願望を感じることもあった。しかし同時に、子どもたちが家に帰って来ることや、赦しと祝福を示すしぐさで彼らの上に手を置いたりすることに、限りない喜びを味わってきた。何も問いただぎず、子どもたちを家に迎えることだけを願う父であることの意味が、ほんの少しだが分かってきた。

レンブラントのポスターとの最初の出会い以来、わたしの人生のすべては、本書を書くための霊感を与えてくれただけでなく、書くべき内容の構成も示唆してくれた。これから、まず最初に弟息子について、次に兄息子について、そして最後に父について思い巡らしていきたい。というのも、実際にわたしは弟息子であるし、兄息子であるし、さらに、父になるための途上にいるのだから。

そして、わたしと共にこの霊的旅路をたどろうとしている読者のあなたも、自分自身の中に、道に迷った神の子どもだけでなく、慈愛に富んだ母であり、また父である神を発見できるようにと希望し、祈っている。

# 第一部 ■ 弟息子

弟の方が父親に、「お父さん、わたしが頂くことになっている財産の分け前をください」と言った。それで、父親は財産を二人に分けてやった。何日もたたないうちに、下の息子は全部を金に換えて、遠い国に旅立ち、そこで放蕩の限りを尽くして、財産を無駄使いしてしまった。

何もかも使い果たしたとき、その地方にひどい飢饉《ききん》が起こって、彼は食べるにも困り始めた。それで、その地方に住むある人のところに身を寄せたところ、その人は彼を畑にやって豚の世話をさせた。彼は豚の食べるいなご豆を食べてでも腹を満たしたかったが、食べ物をくれる人はだれもいなかった。そこで、彼は我に返って言った。「父のところでは、あんなに大勢の雇い人に、有り余るほどパンがあるのに、わたしはここで飢え死にしそうだ。ここをたち、父のところに行って言おう。『お父さん、わたしは天に対しても、またお父さんに対しても罪を犯しました。もう息子と呼ばれる資格はありません。雇い人の一人にしてください』と」。そして、彼はそこをたち、父親のもとに行った。

# 1　レンブラントと弟息子

レンブラントが『放蕩息子』を描いたとき、死が間近に迫っていた。これが彼の遺作の一つであることはほぼ間違いない。この絵についての本を読んだり、絵を見たりすればするほど、この絵が、混乱と辛酸をなめた生涯の総決算として見えるようになった。未完の『シメオンと幼子イエス』と共に、『放蕩息子』には、自分が老いたという画家の自覚が見て取れる。すなわち、現実に盲目になることと、心の内を深く見ていくという自覚とが密接に結びついている。

老いたシメオンが、かよわい御子を抱く様子と、老いた父が落ちぶれた息子を抱き留める様子は、イエスが弟子に語った言葉、「あなたがたが見ているものを見る目は幸いだ」（ルカ10・23）を連想させる内的洞察を示している。シメオンと放蕩息子の父は共に、自分自身の内に、ある神秘的な光を宿しており、その光を通して見ている。それは内なる光であり、深く隠されてはいるが、あたり一面に和《やわ》らぎのある美しさを放っている。

それにしても、この内なる光は、長い間、隠れたままだった。何年もの間、レンブラントの手の届かないところにあった。多くの苦しみを通り抜けたからこそ、彼自身の心の、内側から放たれる光、彼が描いた絵に見られるこの光を、少しずつ知るにいたったのだ。父のようになる以前、レンブラントは長い間、「全部を金に換えて、遠い国に旅立ち、そこで放蕩の限りを尽くして、財産を無駄使いしてしまった」あの高慢な若者のようだった。レンブラントが晩年に制作した極めて深遠な内面性を備えた自画像と、老いた父と老シメオンとが放つ輝かしさを描いた力量を見るさい、若いときの彼が、放蕩息子の人格をすべて備えていたこと、すなわち、ずうずうしくて自信満々、金使いが荒くて好色、それにとても横柄だったことを忘れてはならない。

三〇歳のとき、妻サスキアと一緒にいる自分の絵を描いたが、彼は売春宿にいる放蕩息子のようだ。そこには何の内面性も見られない。酔っ払って、口を半開きにし、好色なギラギラした目つきで、この絵を見ている人をさげすみ、「楽しけりゃ、いいじゃないか!」と言い放っているかのようだ。半分空になったグラスを右手で高々と掲げ、左手は、彼に劣らず貪欲な目つきをした女の背中に触れている。長いカールした髪、かなり大きな白い羽根を付けたビロードの帽子、皮製の鞘《さや》に納めた金の柄《つか》付きの剣を背にするレンブラント。この浮かれ騒ぐ二人が、これから何をしようとしているか容易に想像がつく。

右上のコーナーに垂れ下がるカーテンは、アムステルダムの悪名高い歓楽街にある売春宿を思

い起こさせる。放蕩息子そのものである若いレンブラントの、その淫《みだ》らな自画像をいくら見つめても、その三〇年後、人生に深く分け入って、そこに隠された神秘を見抜く目をもって自分を描いた画家と同一であるとは、とうてい信じることができない。

いまでもレンブラントの伝記作家はこぞって彼のことを、自らの才能に強い確信を抱き、世の中にあるすべてを貪欲に探求した高慢な若者、ぜいたくを好み、外向的で、周りの人々にまったく無頓着《むとんちゃく》な人物として描いている。もっぱら関心を持ったのはお金であったことに間違いない。彼はたくさん稼ぎ、たくさん使い、たくさん失った。彼のエネルギーの大半は、財産譲渡にかかわる長期に渡る金銭上の調停や破産手続のために費やされた。二〇代後半から三〇代前半にかけて描かれた自画像を見ると、名声と評判を貪欲に求め、ぜいたくな衣装を愛用し、糊の効いた伝統的な白襟《えり》より金の鎖を好み、外国風の帽子、ベレー帽、兜《かぶと》、ターバンを楽しんだ人物だったことが分かる。

このような凝《こ》った衣装は、絵画の技術を磨き、その技《わざ》を見せつけるための常套手段だとしても、自分のパトロンたちの期待を満足させるだけで終わりたくない彼の高慢な性格を表わしている。しかし、成功と名声と富を手にした時代は短期で終わり、多くの苦難、災難、不幸が次々と彼を襲《おそ》う。

レンブラントの生涯に起こったたくさんの不幸を数え上げると圧倒させられる。それらは、放蕩息子がたどった人生と似ていなくもない。一六三五年、長男ルンバルトゥスを亡くしたのち、長女コーネリアを一六三八年に、次女コーネリアを一六四〇年に亡くし、深く愛し、慕っていた妻サスキアを、一六四二年に失った。レンブラントは、生後九ヶ月の次男ティトウスと共に取り残された。妻サスキアの死後も、彼の人生は数え切れないほどの苦難と問題が続く。ティトウスの乳母ヘルティエ・ディルクスンとの不幸な関係は、ついに裁判沙汰《ざた》となり、彼女は保護施設に監禁されてしまう。その後、ヘンドリッキエ・ストッフェルスとの安定した関係が続く。しかし、彼女から生まれた息子は一六五二年に亡くなり、もう一人生まれた娘コーネリアだけが彼より長生きした。

これらの期間、当時の何人かの収集家や評論家は、レンブラントをもっとも優れた画家の一人として認めたが、その人気は急落した。彼の経済状態は非常に深刻なものとなり、一六五六年には破産宣告を言い渡され、債権者の連鎖倒産を避けるために、すべての不動産と動産の権利を引き渡す署名を求められた。彼の全所有物、所持していた自分と他の画家の作品、大量の工芸品のコレクション、アムステルダムの家屋と家具類などは、一六五七年から一六五八年にかけて三回も競売にかけられた。

五〇代の初めころ、レンブラントは負債とその取り立てから完全に解放されることはなかったが、ささやかな平穏を見出すことができた。この期間の彼の作品に温かさと内面性の深まりがあることから、多くの幻滅を味わった人生にもかかわらず、その心には恨みがましさが残らなかったことが分かる。それどころか、苦難は彼の物の見方を清めるほうに働いた。ヤコビ・ローゼンバーグはこう書いている。「彼は、いっそう鋭い洞察力によって、人や自然を注目し始めた。もはや外面的な豪華さや、わざとらしい見てくれに惑わされることがなくなった(2)」

一六六三年、ヘンドリッキエも亡くなり、その五年後には、最愛の息子ティトウスの結婚に立ち会うばかりか、その死にも立ち会うことになる。一六六九年、レンブラント自身が死を迎えたとき、彼は貧しく、孤独な人間であった。彼より長生きしたのは、娘コーネリア、息子の妻マグダレナ・ファン・ロー、そして孫娘ティティアだけであった。

父の前にひざまずき、その胸に顔を押しつけている放蕩息子をじっと眺めていると、かつては自信満々で、人々からもてはやされたが、かき集めた栄光のすべては、それが空しいことを示すものでしかないことを痛切に思い知った芸術家を、そこに見ずにいられない。売春宿にいる血気盛んな自分を描いたときの豪華な衣服の代わりに、やつれた体を覆《おお》うボロボロの上着と、長旅で擦り切れ、使い物にならなくなったサンダルを身に着けているだけだ。

回心した息子から、思いやりあふれる父へと視線を移すと、そこではかつての金の鎖、剣、兜《かぶと》、ローソク、ランプから放たれるきらめく光は、年老いた者が持つ内面的な光と入れ替わっているのが見える。それは、飽くなき富と名声の獲得へと人をそそのかす栄光から、人の魂の内に隠された、死をも凌駕《りょうが》する栄光への移行を示している。

## 2　弟息子の家出

弟の方が父親に、「お父さん、わたしが頂くことになっている財産の分け前をください」と言った。そこで、父親は財産を二人に分けてやった。何日もたたないうちに、下の息子は全部を金に換えて、遠い国に旅立ち……。

### 徹底的な反逆

このレンブラントの絵の正式なタイトルは、これまで言われてきたように『放蕩息子の帰郷』である。この「帰郷」という言葉が暗示するものは、家を出るということだ。帰郷とは、家を出たのちに家に帰ること、つまり、すでに出てしまったあと、元に戻ることである。絵に描かれた父は、家に息子を迎えて大喜びしている。それは、「死んでいたのに生き返った。いなくなっていたのに見つかった」からだ。行方不明になった息子を迎えた底知れない喜びの裏には、はるか以前の、息子が家を出たときの計り知れない悲しみが隠されている。見つかるということには、前もっての喪失が、家に戻るということには、家出という出来事が隠されている。

和《なご》やかで喜びに満ちた帰郷の絵に見入りながら、それに先立つ、悲しみで打ちひしがれた出来事をあえて味わわなければならない。家を出るということの深い意味を探求する勇気を持って初めて、この帰郷というものを真に理解することができる。息子の着物の柔らかな黄褐色は、父のマントの赤い色と見事に調和し、美しく見えてしまうが、実際はボロ切れであり、彼がそれまでに味わった悲惨さをあばくものだ。慈しみあふれた抱擁の中に置かれれば、わたしたちの傷も美しく見えよう。しかし、それを包む慈しみがなければ、とても美しいと言えるしろものではない。

慈しみの神秘を深く理解するには、それを呼び起こす現実を正直に見据えなければならない。その現実とは、向きを変え、立ち返ろうとするずっと以前、息子は家を出たということだ。彼は父にこう言った。「わたしが頂くことになっている財産の分け前をください」。そして、受け取ったすべてを持って、立ち去ってしまった。福音記者ルカはこれらの出来事をとても簡潔に、淡々と語っているので、そこで起きている出来事がいかに前代未聞であるか、文字通りには受け止めにくい。それは当時、もっとも侵すべからざる伝統を傷つけ、侮辱し、徹底的に反逆することだった。ケネス・ベイリーは、ルカの物語についての鋭い洞察を示す解説の中で、息子が家出したときに示した態度は、父の死を願うことに等しいと述べ、次のように書いている。

わたしは十五年以上、モロッコからインド、トルコからスーダンにかけてのあらゆる階層の人々に尋ね回った。それは、父がまだ生きているうちに、息子が遺産相続を求めることの意味についてである。答えはいつも同じで、きっぱりとしたものだった。……そのときの会話は、次のようだった。

「あなたの村で、これまでこうした要求をした人はいますか?」

「とんでもない!」

「こうした要求はできるでしょうか?」

「無理です!」

「もしだれかが、あえてそうしたらどうなりますか?」

「もちろん、父親は彼を打ちのめすでしょう!」

「なぜ?」

「それは、父に死んで欲しいと願うことです[3]」

ベイリーの説明によると、息子は遺産の分け前だけでなく、それを自由に処分する権利も求めているという。「息子のために財産譲渡の署名をしても、父親が生きているかぎり、そこから生じる利益で生活できる権利がある。ここでは、父が生きている間、所有できないはずの財産処分の権利を、当然のごとく要求し、それを手にしている。この弟息子の二つの要求の背後には、

『お父さん、わたしはあなたが死ぬまで待てません』という意味合いがある」[4]

それゆえここでの息子の「家出」は、一読して感じるよりもはるかに無礼な行為である。それは、自分が生まれ育った家を冷酷に拒絶することであり、自分もその一員であった共同体で大切に守り通された、もっとも大切な伝統とたもとを分かつことだ。ルカが「遠い国に旅立ち」と書いたことには、もっと広い世界を見たいという若者の願い以上の大きなものが示唆されている。ルカが言っているのは、聖なる遺産として代々受け継がれ、手渡されてきた生き方、考え方、行動の仕方から、思い切って縁を切ることである。それは単なる軽視以上の、家族と共同体が大切に育んできた価値への裏切り行為である。ここで言う「遠い国」とは、故郷で聖なるものと見なされてきたすべてを無視する世界のことだ。

この説明は、わたしにとって重要な意味がある。それは、このたとえ話を歴史的文脈で正確に理解する助けとなったばかりか、何よりも自分の内に弟息子がいることを認めざるを得なくさせた。最初、これほどまでに挑発的な反抗をわたしの人生に見出すのは、かなり難しく思えた。自分の受け継いだ価値観を拒絶するのは、自分のやり方ではないと思う。しかし、よくよく注意してみると、いずれにせよわたしは、家の近くにいるより遠い国のほうを明らかに選んできている。そのことはたやすく弟息子を連想させる。ここでわたしが述べているのは、愛する祖国オランダ以外で、人生の大半を過ごしたという単なる物理的事実とはまったく異なる、霊的な意味での「家出」のことだ。

福音書にある他のどんな物語より、放蕩息子のたとえ話は神の慈しみあふれる愛の豊かさを表わしている。そして、神聖な愛の光が注がれているこの物語の中に自分を置いてみると、家を出るということは、これまで考えてきた以上に、自分の霊的経験にずっと近いことが、身にしみてはっきりしてきた。

息子を歓迎している父を描いたこの絵には、見たところは何の動きも見られない。それとは対照的に、一六三六年に同じテーマで描かれたエッチングは動きでいっぱいだ。――息子に駆け寄る父、その膝に身を投げだしている息子――エルミタージュ美術館所蔵の作品は、それから約三〇年後に描かれているが、まったく静寂そのものだ。息子に父の両手が触れているさまは、限りない祝福そのものであり、父の胸の中の息子の安らぎは、永遠の平和そのものだ。

クリスチャン・タンペルはこう書いている。「その構図が醸《かも》し出す静寂の中で、息子を受け止め、赦している瞬間は終わりなく続いている。この父と子の動作が語りかけているものは、過ぎ去ることのない、永遠に継続するものについてである[5]」。ヤコブ・ローゼンバーグは、こうした洞察を次のように美しくまとめている。「この父と子の組み合わせには、外見上の動きはほとんどといってないが、それだけにいっそう内面的な動きを際立たせている。……この物語が意味し、提示しているのは、この世の父親が示す人間的な愛ではなく……その力で死を命へと変容させる聖なる愛と慈しみである[6]」

Rembrandt f 1636

## 愛の呼びかけに耳を貸さない

このように、家を出るということには、時間と場所にかかわる歴史的出来事という以上のものがある。それは、わたしの存在のあらゆる部分は神のものだということを拒否し、神がその腕の中に永遠に、安全にわたしを抱いてくださっていること、わたしが神の手のひらに刻まれ、その両手に包まれているという霊的現実を否定することだ。家を出るとは、神が「母の胎内にわたしを組み立ててくださった。……秘められたところでわたしは造られ、深い地の底で織りなされた」（詩編139・13、15）という真理を無視することを意味する。それは、いまだ自分にはくつろげる家がなく、それを見つけ出すために、くまなく広く捜さねばならないかのように生きることである。

家とは、わたしという存在の中心のことであり、次のような神の語りかけを聞くことのできる場のことだ。「あなたはわたしの愛する子、わたしはあなたを喜ぶ」――この同じ語りかけが、最初のアダムに命を与え、そしてイエスに、つまり第二のアダムに注がれた。この同じ声が、神のすべての子たちに語られていて、闇の世界のただ中にあっても光の中に留まりつつ、自由に生きることを可能にしてくれるのだ。

わたしは、この声を聞いたことがある。それはかつてわたしに語りかけ、いまも語りかけている。それは決して途切れることのない永遠からの愛の声であり、それを聞く者につねに命と愛を与え続ける声である。わたしはその声が聞こえるとき、自分は父と共に家におり、何も恐れることはないと知る。天の父に愛されている者として、「死の陰の谷を行くときも、わたしは災いを恐れない」（詩編23・4）。愛されている者として、わたしは「病人をいやし、死者を生き返らせ、重い皮膚病を患っている人を清くし、悪霊を追い払」うことができる（マタイ10・8）。「ただで受けた」のだから、「ただで与える」ことができる。

愛されている者として、拒絶されることへの恐れや、認めて欲しいという願いを抱くことなく相手と直面し、慰め、たしなめ、励ますことができる。愛されている者として、復讐心を抱かずに迫害に耐えることができ、また、自分に向けられた賞賛を、自分の善良さの証明と思わずに受け止めることができる。愛されている者として、自分に与えられた愛は死よりも強いという確信を少しも疑わずに、拷問を受け、殺されることができる。愛されている者として、自由に生きることで命を与え、自由に死ぬことにおいても命を与えることができる。

イエスが、わたしにはっきりさせてくださったことがある。それはヨルダン川で、またタボル山で、イエスが耳になさったあの同じ声を、わたしも聞くことができるということである。イエスは、ご自分が御父と家に住まわれているのとまったく同様に、わたしもそうなることを明確にしてくださった。イエスは、弟子たちのために御父に祈られたとき、こう言われた。「わたしが世に属していないように、彼らも世に属していないのです。真理によって、彼らを聖なる者としてください（別に分けてください）。……わたしを世にお遣わしになったように、わたしも彼らを世に遣わしました。彼らのために、わたしは自分自身をささげます。彼らも、真理によってささげられた者となるためです」（ヨハネ17・16～19）

この言葉は、わたしのための本当の住まい、本当の安住の地、本当の家を示すものだ。信仰とは、いつもそこに家があったこと、そして、いつもそこにあるということを、徹底的に信頼することである。いくらかこわばった父の手は、「あなたはわたしの愛する子、わたしの心に適う者」という、限りない祝福をもって放蕩息子の肩に置かれている。

それでもわたしは、何度も何度も家を出た。祝福しようとする手を払いのけ、遠いところに愛を求めて走り去った！　これこそ、わたしの人生における大きな悲劇であり、これまでにわたしが出会った、たくさんの人々の悲劇だ。どういうわけかわたしは、「あなたはわたしの愛する子」と呼びかけてくださる声に耳を貸さなくなり、その声を聞くことのできる唯一の場所を去り、「家で見つかるはずがない、それ以外のところで見つかるだろう」という願望に必死にすがり、飛び出してしまった。

こう聞いただけでは、こうしたことは起こり得ないと思われるかもしれない。自分にとり、もっとも必要とされる声を聞くことができる場から、どうして逃げ出さなくてはならないのか、と。そのことを考えながら、しだいに明確になったことは、真の愛の声は、とても穏やかでやさしく、わたしのもっとも気づきにくい場所で語りかける、ということだ。騒々しくして、無理に押しつけたり、こちらの注意を引こうとしたりしない。それは、何度となく泣き、何度となく死を体験した、ほとんど盲目に近い父親の声なのだ。その声は、それが自分に届くことを受け入れる人のみが耳にすることのできる声だ。

祝福の神の手が触れるのを感じることと、「愛する子よ」と呼びかけてくださる声を聞くことは一つであり、同じものだ。それは、預言者エリアを見るとはっきりする。エリアは神に会うために山の上に立っていた。初めに嵐が起きたが、神は嵐の中におられなかった。次に地震が起きたが、神はそこにもおられなかった。続いて火が起こったが、神はそこにもおられなかった。最後に、とてもやさしく、かすかな風のそよぎとも、ささやく声とも言えるものが聞こえた。エリアはこれを感じると、すぐ顔を覆《おお》った。神がおられると分かったからだ。神のやさしさの中で、神の声は彼に触れ、何かが触れたと感じたものは、神の声であった（列王上19・11〜13参照）。

しかし、声はほかにもたくさんある。大声で、約束をいっぱい並べたてた、とても魅惑的な声がある。それらは、次のように言う。「出て行って、自分には価値があることを証明せよ」。イエスは、「あなたを愛している」と呼びかける声を聞いたすぐあとに荒れ野に導かれ、その声を聞いた。その声はイエスに、成功し、有名になり、力を手に入れ、自分が愛されるに値する者であることを証明せよと迫った。

これと同じ声に、わたしもなじんでいる。それらは、いつもそこにあり、わたしの善いところにつねに文句をつけ、わたしの存在価値を疑わせる。固い決意で努力をし、懸命に働いてそれを得るのでなければ、決して愛されることはないと忠告してくる。それらの声は、わたしが愛される価値があることを、自分にも他人にも明らかにせよ、と求めてくる。そして、他人から受け入れられるためには、何でもできることをせよ、とわたしを追い立て続ける。それらは、愛はまったくの無償の贈り物であることを大声で否定する。「あなたを愛している」と呼びかける声への信頼を失うたびに、わたしは家出をし、心からわたしが欲する愛を勝ち取るために、ありとあらゆる手段を提供しようと申し出る声について行ってしまう。

およそ耳が聞こえるようになったときから、わたしはずっとその声を聞いてきた。それ以来、その響きはわたしの脳裏から消えることはなかった。それらは両親、友人、教師、同僚から聞こえてきたが、とくに（いまもってそうだが）、わたしを取り巻くマスメディアを通してやってきた。「あなたがいい子であることを示しなさい。友人より上であるのはいいことだ！　成績はどうなってる？　ちゃんと卒業できるだろうね！　あなたなら一人でうまくやっていける！　きちんとした人脈はあるかい？　あんな人たちと友だちでいいのか？　この多くのトロフィーで、あなたがどんなに優秀な選手だったか分かるよ！　弱みを見せるな、つけこまれるぞ！　老後の準備はできているか？　何も生み出さないなら、だれからも相手にされなくなるぞ！　死んだら、それでおしまいだ！」

「愛する子よ」と呼びかける声に耳を傾け続けるかぎりは、これらの疑いや忠告は何の害もおよぼさない。両親、友人、教師、マスメディアの人たちも、ごく真面目にわたしのことを心配しているのだ。彼らの警告や助言は、善意から出たものだ。実際それらは、神の限りない愛を人間の限りある能力で表現したものかもしれない。しかし、初めからある無条件の愛の呼びかけを忘れてしまうと、これらのささいな忠告が、たやすくわたしの生活を支配し始め、「遠い国」にわたしを引きずり出してしまう。いつそれが生じるかを知るのは、それほど難しくない。怒り、恨み、嫉妬《しっと》、復讐の思い、肉欲、貪欲、敵意、ライバル意識は、わたしが家出していることを明らかにするしるしだ。それは、ごく簡単に生じる。ことあるごとに自分を注意して眺めてみると、こうした暗い衝動、暗い情熱、暗い感情から自由になっている時間は、一日にごくわずかしかない現実に当惑させられる。

わたしは、それとまったく気づかないで、いつもこの古い罠に陥ってしまう。どうしてあの人はわたしを傷つけ、わたしを拒み、わたしを気遣ってくれないのかと思い煩う。それと意識しないうちに、他人の成功、孤独感、この世から自分は虐待されているのではないかという思いで、あれこれ気に病む。自分でも分かっていながら、金持ちになれたら、権力が手に入ったら、有名になれたらとよく夢想する。これらの思いに捕らわれるのは、自分は神にとって大切な存在だという事実に信頼し切れていない弱さを示している。

わたしは、人から嫌われたり、非難されたり、のけ者にされたり、仲間外れにされたり、無視されたり、迫害されたり、殺されたりするのをとても恐れている。そのため、自分を守る作戦を絶えず練って、それによって、自分に必要な、受けて当然と考える愛を確保しようとする。こうして、わたしは父の家から遠く離れ、「遠い国」に住むことを選ぶ。

## 見出し得ないところに捜す

ここで問題となるのは、「わたしはだれに属しているか？　神にか、それともこの世にか？」ということだ。日々、何がわたしの頭の大半を占めているかを考えてみれば、わたしは神にというより、この世に属していると言える。ちょっとした批判に怒り、ちょっとした拒否で落胆する。

ちょっと誉められるとやる気が出て、ちょっとした成功で気分が高揚する。ほんの小さなことで思い上がったり、落ち込んだりする。わたしはまるで大海に浮かぶ小舟のようだ。波の浮き沈みに翻弄《ほんろう》されている。波で転覆《てんぷく》しないように、溺《おぼ》れないようにと費やしている時間と労力はみな、わたしの人生のほとんどが、生き残りをかけた闘いであることを示している。それは、聖なる闘いというより、「わたしが何者であるかを定めるのは、この世界だ」という誤った考えからくる不安でいっぱいの闘いだ。

「あなたは、わたしを愛していますか？　本当にわたしを愛していますか？」と問い続けるかぎり、この世の声にすべての権限をまかせ、自らをこの世の捕らわれの身にすることだ。なぜならこの世界は、「もし……なら」という、たくさんの条件をつけるからだ。この世界はこう言う。「もちろん愛しますよ、もしあなたの外見が素晴らしく、インテリで、お金持ちなら。愛しますよ、もしあなたが立派な教育を受け、立派な仕事に就き、立派な人脈を持っていれば。愛しますよ、もしあなたがたくさん生産し、たくさん売って、たくさん買うのでしたらね」

　この世の愛には、終わりのない「もし……なら」が隠されている。そうした「もし」がわたしを虜《とりこ》にする。なぜなら、それらの条件をすべて満足させることはできないからだ。この世の愛は、つねに条件つきである。この世の条件つきの愛に、本当の自分を捜し求めているかぎり、わたしはこの世に「捕らえられた」ままだ。すなわち、誘いにのっては失敗し、また同じことを繰り返す。この世界が差し出すものは、心のもっとも深い渇望を満たすことがないので、依存性を強める。

「依存症」という言葉は、現代社会に深く浸透している、自分を見失った状態を表現するのに最適かもしれない。さまざまな依存症は、自己実現の秘訣としてこの世が差し出すものに、わたしたちをしがみつかせる。すなわち、財産と権力の蓄積、社会的ステータスと賞賛の獲得、ぜいたくな飲み食い、肉欲と愛の違いを無視した性的欲望の満足などだ。これらの依存は、わたしたちのもっとも深い必要を満たさないばかりか、よりいっそうの飢餓に導く心の渇きを強くさせる。この世の惑わしにのって生きるかぎり、依存症は、「遠い国」での無駄な探索にわたしたちを引き込み、結局は満足を得られないまま、次々と果てしない幻滅に直面させるものになる。依存症がますます増加している今日、わたしたちは父の家を遠く離れ、さまよってきた。依存した生活はまさに、「遠い国での生活」と名づけることができる。救出を求めるわたしたちの叫び声は、そこから湧き起こってくる。

無条件の愛を、それが見出し得ないところに捜し求めるたびに、わたしは放蕩息子になる。なぜわたしは、真の愛がある場所を無視し続け、別なところにしつこくそれを求めるのか？　なぜわたしは、御父に愛されている神の子として招かれている家から、つねに離れ去ろうとするのか？

わたしがいつも驚くのは、神がくださった賜物――健康と知的・感情的賜物――を、神の栄光のために活用しないで、人々に自分を印象づけたり、同意や賞賛を得たり、良い報酬を得る競争のために、どんなにか利用してきたか、ということだ。確かにわたしは、それらを「遠い国」にひんぱんに持ち出し、その真価を知らぬまま、それを食い物にする世界に仕えるために差し出してきた。あたかも、わたしは神の愛を必要としない、自分だけで生きていける、わたしは完全に独立していたい、ということを自分と世間に証明しようとしてきたかのようだ。こうしたすべてのことの裏には、強烈な反抗心、御父の愛に対する徹底的な拒絶、「あなたが死んでくれたら」という胸に秘めた呪いがある。

放蕩息子の拒絶は、最初の人間であるアダムによる神への反逆が影を落としている。それは、わたしたちを愛によって創造し、愛によって支えてくださる神を拒否することだ。それは、わたしを楽園の外に、命の木に近づけない場に追いやる反逆であり、「遠い国」で自分を食いつぶすはめになる反逆である。

弟息子が帰ってきた場面のレンブラントの描写に再度目を向けてみると、わがまま息子への慈しみあふれたしぐさ以上のものが、そこに繰り広げられていることが分かってくる。この重大な出来事は、重大な反逆が生みだした結果だ。アダムと、アダムのすべての子孫の神への反逆は赦された。そして、かつてアダムが受け取った永遠の命という祝福がここに回復したのだ。

いまのわたしは、この父の両手は、つねに差し出されていたのではないかと思える。――その手をもたせかける肩がないときでさえも。神は、その腕を決して下ろそうとせず、決して祝福を出し惜しむことなく、息子を愛《いと》しい存在とみなすのを決して止めることはない。

しかし父は、強いて息子を家に留まらせることはできなかった。愛する子に自分の愛を無理強いすることはできなかった。父は、息子の好きなようにさせるほかなかった。たとえそれによって、息子も自分自身も苦痛にさらされると分かっていたとしても。あらゆる代償を払うことになろうと息子を家に留め置かなかったのは、愛ゆえであった。たとえ息子が命を失う危険があっても、子に自分の人生を歩ませようとしたのは、愛ゆえであった。

ここに、わたしの人生の神秘が姿を現わす。わたしはあまりに愛されているがゆえに、勝手に家を出ることができるのだ。祝福は初めからそこにあるのに、わたしはそこを去り、そこから離れ続ける。それでも父は、わたしをふたたび受け止めるために腕を広げ続け、つねにわたしを捜し求め、わたしの耳にもう一度、こうつぶやきかけようとなさっている。

「あなたはわたしの愛する子、あなたはわたしの喜び」と。

# 3　弟息子の帰郷

（彼は）そこで放蕩の限りを尽くして、財産を無駄使いしてしまった。何もかも使い果たしたとき、その地方にひどい飢饉《ききん》が起こって、彼は食べるにも困り始めた。それで、その地方に住むある人のところに身を寄せたところ、その人は彼を畑にやって豚の世話をさせた。彼は豚の食べるいなご豆を食べてでも腹を満たしたかったが、食べ物をくれる人はだれもいなかった。そこで、彼は我に返って言った。「父のところでは、あんなに大勢の雇い人に、有り余るほどパンがあるのに、わたしはここで飢え死にしそうだ。ここをたち、父のところに行って言おう。『お父さん、わたしは天に対しても、またお父さんに対しても罪を犯しました。もう息子と呼ばれる資格はありません。雇い人の一人にしてください』と」。そして、彼はそこをたち、父親のもとに行った。

## 失われた者

父に抱かれ、祝福を受けている若者の姿は、じつに惨《みじ》めだ。かつて彼は、たっぷりのお金を持ち、自信満々で家を出た。父や、彼の育ったコミュニティから遠く離れ、自分の思うように生きようと心に決めた。その彼が、無一文になって戻って来た。お金、健康、名誉、自尊心、評判、すべてを失った。

レンブラントは彼のこうした状態を、あますところなく描き出している。頭は剃ってある。売春宿で勝ち誇る、ふてぶてしい放蕩息子になぞらえて描いた自画像の長い巻き毛はもうない。その頭は、名前でなく、番号で呼ばれる囚人のようだ。監獄であろうが軍隊であろうが、男が頭を剃られることは、個性的なものが一つ奪い取られることだ。彼が着ているのは下着だ。それは、衰弱した体をかろうじて覆《おお》っている。

父と、その場を眺めている背の高い男は、地位と威厳を示す幅広の赤いマントを着ている。ひざまずいている息子にマントはない。引き裂かれた黄褐色の肌着は、体力を使い果たし、疲れ切ったボロボロの体を覆っている。靴の裏は、彼のたどった長く屈辱的な旅を物語っている。履きつぶしたサンダルが脱げてしまった左足には傷跡が見える。破れたサンダルから踵《かかと》がのぞいている右足もまた、苦しく悲惨だった旅を物語っている。

これは、すべてを剥ぎ取られた人の姿だ。剣を除いて……。たった一つ、彼の人間としての尊厳のありかを示すのは腰に下げた短剣――高貴な生まれのしるしだけだ。堕落した中でさえ、自分はあの父親の息子だという真理を彼はしっかり握っていた。そうでなければ、息子であることのシンボルの貴重な剣を売ってしまったことだろう。腰にある剣は、自分は物乞いで浮浪者であると自覚して帰宅したとしても、いまだ父の息子であることを忘れていないことを示していると思われる。その剣が、父の息子であることを彼に思い起こさせ、ついには家に連れ戻したのだ。はるかな異国に出かけ、所持品のすべてを失った男がわたしの目の前にいる。わたしはそこに、はかなさ、屈辱、敗北を見る。かつて父と同格であった彼は、いまや召使いより惨《みじ》めなありさまで、奴隷になったかのようだ。

遠く離れた国で、いったい彼に何が起こったのか？　物質的、身体的な帰結は別にして、家を出た彼の心の行き着いた先は何だっただろう？　それは容易に想像できる。神が住んでおられるところから遠く逃げれば逃げるほど、「あなたを愛している」と呼びかける声は聞こえなくなり、ますますこの世俗の世界に翻弄され、そのパワーゲームに巻き込まれてしまうのだ。

そうなると、次のように感じるだろう。自分のための安全な家があることに、確信が持てなくなる。そして、他人が自分よりましに見えてしまう。どうしたら彼らのようになれるだろうと思い悩む。人を喜ばせ、成功をおさめ、認められようと必死に努力する。失敗したときは他人に嫉妬《しっと》するか、腹を立てる。自分が成功すると、他人が嫉妬したり腹を立てないだろうかと気に病む。疑い深くなり、自己防衛的になり、欲しいものが手に入らないかもしれない、あるいは、いま持っているものを失うかもしれないと、ますます恐れるようになる。「わたしにはあれが必要だ」、「わたしはこうしたい」という思いでがんじがらめになり、自分はいったい何をしたいのか分からなくなる。自分が周りの犠牲にさせられたように感じ、他人の行動や言葉が信頼できなくなる。

こうして、かたくなに自分を守ろうとし、心の自由を失い、この世界を敵と味方に分けて考え始める。だれも自分のことを気遣ってくれないかのように悩む。自分が抱くこれらの不信感の正しさを裏づけようとし始める。そして、どこにでもその証拠を見つけ出し、「やはりだれも信用できない」と決めつける。さらにはこれまで本当に自分を愛してくれた人が一、人、でもいただろうかと思い悩む。自分を取り囲む世界が暗くなる。心は重くなる。体は悲しみでいっぱいになる。人生は意味を失う。魂を失う。

弟息子は、周りの人々が少しも彼に関心を払わなくなったのを見て、自分がどれほど失われた存在であるか、はっきりと気づいた。人々は、利用できるときだけ彼とつきあってくれた。しかし、財布が底をつき、何もできなくなると、まったく無用の存在になった。まったくのよそ者、その存在を少しも認めてもらえない人になった。真の孤独は、共有するものが何もないと感じられるときに訪れる。弟息子は、自分が豚に与えた食べ物さえ食べさせてもらえなかったとき、人間として扱われていないことに気づいた。

わたしは、人からどれほど受け入れられているかに依存していることに、ほんの少ししか気づいていない。育ってきた背景、履歴、生き方、宗教、教育がどう共通するか、あるいは人脈、生活スタイル、習慣が似ているかどうか、もしくは年齢や職業が似ているかなどに、わたしを受け入れてもらえるかどうかの根拠を見出している。わたしは初対面の人とはいつも、互いの共通点を探す。それはごくありふれた、だれもが示す反応だろう。「わたしはオランダ出身です」と言うと、会った人はたいていこう応じてくれる。「あぁ、わたしも行ったことがあります」、「友だちがいます」、「水車、チューリップ、木靴の国ですね！」。さまざまな反応の違いがあるにしても、互いのつながりを探す。共有するものが少ないほど、一緒にいることが困難になり、互いに疎遠に感じられる。もしわたしが、相手の言葉や習慣を知らず、ライフスタイルや宗教を理解せず、彼らの儀式や芸術を知らず、料理や食事のマナーを知らなければなおのこと、自分はよそ者であり、無視される存在だと強く感じる。

弟息子は、周りの人々からもはや人間と見なされなくなったとき、極度の孤立感を味わった。それは、人間が体験しうるもっとも深い孤独だった。彼は真に失われた者となった。しかし、この完全な喪失感こそが、彼を我に返らせるものになった。彼は、自分がかくも疎外されていることに気づき、衝撃を受け、死への道を歩み始めたことを、突然理解した。

彼は、自分に命を与えてくれるもの――家族、友人、共同体、交友関係、さらに食物も――から、すっかり遮断されたことで、このまま行けば死ぬしかないことを思い知らされた。一瞬にして彼は、自分の選んだ道が何であったか、その行き着く先がどんなものであるか、はっきりと悟った。死にいたる選択、その方向にもう一歩踏み出せば、自己破滅しかないことを知ったのだ。

そのような決定的瞬間に、彼に生きることを選ばせたのは何だったのだろう？　それは、もっとも深い意味で、自己というものを再発見したからだ。

## 神の子であることを受け止める

彼の失ったものが何であれ、それがお金であれ、友人、世間体、自尊心、心の喜びや平安であれ——その内の一つ、あるいは全部であっても——自分は父の子であるという事実は残る。そこで、彼はこう独り言を言った。「父のところでは、あんなに大勢の雇い人に有り余るほどパンがあるのに、わたしはここで飢え死にしそうだ。ここをたち、父のところに行って言おう。『お父さん、わたしは天に対しても、またお父さんに対しても罪を犯しました。もう息子と呼ばれる資格はありません。雇い人の一人にして下さい』」と。この言葉を心に抱いて、彼は向きを変え、異国を去り、そして家に向かうことができたのだ。

弟息子の帰郷が持つ意味は、次の言葉で簡潔に表わされている。「お父さん……わたしはもはやあなたの息子と呼ばれる資格はありません」。彼は一方で、息子としての尊厳を失ってしまったと分かっているが、失ったという感覚は同時に、失うほどの尊厳を持っていた息子であるという自覚をうながした。

弟息子の帰郷でもっとも肝心な点は、彼があらゆる意味で体面を失っても、息子であることを受け止めたことだ。実際、すべてを剥奪されて、彼は自分の存在意義のどん底にまで追い込まれた。彼は、息子であるという根本的事実に行き着いた。それまでをふり返ると、放蕩してすべてを失ったことは、自分という存在の根源に触れるためであったかのようだ。自分が豚同然に扱われることを望んだとき、彼は初めて自分を見出した。自分は豚ではなく人間であり、父の息子であることに気づいた。

この実感が、死よりも生きることを選んだ基盤となった。彼は息子であるという真理をふたたび回復するや、たとえかすかでも、「愛する子」と自分に呼びかける声を聞くことができ、遠くにいながらも、祝福のきざしを感じることができた。父の愛へのこの覚醒と信頼は、たとえぼんやりしたものであろうと、自分が息子であることを受け止める強さを彼に与えた。たとえそのことで、何も得るものがなかったとしても。

数年前のこと、わたし自身、立ち返るべきか否かという、とても具体的な選択に迫られた。ある人との友情が、初めは将来の明るい、生きがいを与えてくれそうなものに思えたが、しだいに家から遠くへ、遠くへと、わたしを引き離すものとなり、ついにはすっかりその虜《とりこ》になってしまったことに気づいた。わたしはその友情を保つために、父から与えられたものを、霊的な意味ですっかり浪費してしまったことに気づいた。もはや祈ることができなくなった。仕事に興味をなくし、他の人々をケアすることがしだいに困難になってきた。自分の抱く思いと行ないが、どれほど自己破壊的であるかを知りながら、愛に飢えた心のなすがままに、自分の存在価値を感じたいと、偽りの手段に引きずられていた。

その後、ついに友情が完全に壊れたとき、自己破壊を選ぶか、あるいは捜し求めている愛が現実に存在すると信頼すべきか、選ばねばならなかった。……すなわち、家に帰るということを！

ある声が、じつにかすかではあったが、わたしにこうささやいた。「どんな人も、あなたが渇望しているような愛を決して与えることはできない。どんな友情も、どんなに親密な関係も、どんな共同体も、移ろいやすいあなたの心のもっとも奥深くにある必要を、決して満足させることはできない」と。柔らかに、しかも途切れることなくその声は、わたしの召命について、若いころの献身について、父の家で受け取った多くの賜物について語ってくれた。その声は、わたしを「息子」と呼びかけていた。

見捨てられたことの苦しみはあまりにつらく、そのかすかな声を信じることはとても困難で、ほとんど不可能に思えた。しかし、友人たちがわたしの絶望する姿を見かねて、この苦しみから抜け出て、わたしを待っているお方が家にいることを信頼するようにとうながし続けてくれた。とうとうわたしは、感情を発散するより抑制することのほうを選び、独りきりでいられる場所に行くことにした。そこで、その静まり《ソリチュード》の内で、わたしはゆっくりと、ためらいつつ、家に向かって歩み始め、これまで以上にはっきりと、「あなたはわたしの愛する子、わたしの心に適う者」と語りかける声が聞こえるようになった。

苦痛に満ちた、しかも希望にも満ちたこの体験でわたしは、適切な選択をするさいに起こる霊的葛藤の中心へと引き込まれた。神は言われる。「生と死、祝福と呪いをあなたの前に置く。あなたは命を選び……あなたの神、主を愛し、御声を聞き、主につき従いなさい」（申命30・19～20）と。じつにこれは生死を問う問題だ。わたしたちを虜《とりこ》にするこの世を拒否しようとするか、それとも神の子としての自由を自分のものにするか、その選択はわたしたちがしなければならない。

ユダはイエスを裏切った。ペトロはイエスを否定した。二人とも、道に迷った子どもだった。ユダは、神の子どもであることを思い起こさせる真理を、しっかりと握り続けることができず、自殺した。放蕩息子に置き換えて言えば、息子である証しの短剣を売ってしまったのだ。ペトロは、絶望のさなかで息子であることを自分のものとし、多くの涙を流しつつ立ち返った。ユダは死を選んだ。ペトロは命を選んだ。この選択は、いつもわたしの前に置かれていることに気づく。わたしは絶えず、見捨てられている状態に拘泥しようとする誘惑を受けて、元来わたしに備わった素晴らしさ、神が与えてくださった人間性、祝福された存在であるという土台とのつながりを失い、それがために、死の力に絡め取られそうになる。

これは、自分で自分に次のように言い聞かせるとき、繰り返し、繰り返し起こることだ。「わたしは良くない。わたしは役立たずだ。わたしには価値がない。愛されるに値しない。わたしはつまらない人間だ」と。自分の周りで起きているたくさんの出来事や状況も、「わたしには生きる価値がない。他人の重荷でしかない。問題を起こし、争いのもとで、他人の時間とエネルギーを奪っている存在だ」と自分に言い聞かせる証拠として、いくらでも数え上げることができる。

多くの人々はこうした暗い、内的な自己認識を持ちながら生きている。放蕩息子とは逆に、向きを変えて立ち返るための一条の光すらそこにはなく、暗闇にすっかり飲み込まれたままでいる。肉体的には自殺していないが、霊的にはもはや生きていない。自分は元々良い存在であるという信仰を放棄し、それゆえに、自分たちに人間としての本性を与えた御父への信仰も捨ててしまう。

しかし神は、男と女とをご自分の似姿として創造なさったとき、彼らを「極めて良かった」(創世1・31）とお認めになっている。そして、闇の声がどう語りかけようと、だれもそれを変えることはできない。

そうではあっても、自分が神の息子であることを選択するのは、わたしにとってたやすくない。わたしを取り囲むこの世界が発する闇の声が、「わたしはだめだ。成功の梯子《はしご》を登りつめ、あることを成し遂げ、自分の素晴らしさを手に入れる以外、ましな人間になることはできない」とわたしに思い込ませようとする。「わたしの息子、最愛の子よ」とわたしに呼びかける声、すなわち、他人のどんな称賛も自分の業績も関係なく、自分は愛されている存在であることを思い起こさせる声を、この闇の声は早く忘れさせようと仕向ける。この声は、「わたしはあなたが大好きです」と呼びかけ続ける、やさしく、柔和で、光をもたらす声をわたしの心から締め出す。すなわち、わたしが存在している場所からわたしを引きずり出し、わたしの存在のもっとも中心でわたしを待っていてくださる愛なる神がおられることに疑いを持たせる。

しかし、異国を離れることは、ほんの始まりに過ぎない。家への道は長く、骨が折れる。父のもとに帰る道中、何をしたら良いだろう。放蕩息子のしたことは明らかだ。彼は筋書きを準備した。家に向かって戻りつつ、自分が息子であることを思い出し、自分にこう言い聞かせた。「父のところに行って言おう。『お父さん、わたしは天に対しても、またお父さんに対しても罪を犯しました。もう息子と呼ばれる資格はありません。雇い人の一人にしてください』と」

この言葉を読むと、自分の内的生活がこうしたつぶやきでいかに占められているか、痛いほど気づかされる。実際、わたしはほとんどの場合、話し相手を頭の中で想定しながら自分の考えを説明したり、自慢したり、謝ったり、主張したり、弁明したり、称賛や同情を得ようとしている。目の前にいない相手と絶え間なく会話しているかのように、相手の質問を予想し、それへの受け答えを準備する。この内なる思い巡らしとつぶやきに費やされる情緒的エネルギーは驚くばかりだ。確かに、わたしは異国を去ろうとしている。確かに、家には向かっている……。しかし、伝える機会がありそうもないのに、なぜこうした言葉を準備するのか？

理由ははっきりしている。神の子どもであるという、自分の真のアイデンティティを求めながらも、自分の帰郷について神は説明を要求するだろうと、いまだに考えて生きているからだ。依然としてわたしは、神の愛を条件つきで考え、いまもって父の家を、完全に身を預けられる場所と見なしていない。家に向かって歩いている間も、そこにたどりついたとき、本当に歓迎してもらえるだろうかと疑う心を持ち続けている。わたしの霊的旅路を見つめてみると、それは長い、疲れる帰郷の旅だが、いかに過去についての罪意識と未来についての心配で心が占められているかに気づく。わたしは自分の落ち度を認めるし、息子であることの尊厳を失ったことを知っている。しかし、たとえそれらの過ちが大きくとも、「恵みはつねにそれより大きい」（ローマ5・20参照）ことを、まだ完全には信じ切れないでいる。

自分は価値がないという感覚から、いまもって離れられないわたしは、息子としているべき場よりはるかに低いところを自分の居場所に想定している。完全な、絶対的な赦しへの信仰は、そう簡単に持てるものではない。わたしの経験からすれば、赦しとは、つまるところ復讐を見合わせようというお情けであり、少しは情け深いところを示してあげようという意味でしかない。

## 長い道のり

放蕩息子の帰郷には、不明な点がいっぱいある。彼は正しい方向に向かって旅をしている。しかし何という混乱！　自分の仕方ではうまくいかないことを認め、外国で浮浪者でいるより、父の家で奴隷として扱われるほうがまだましだと告白するが、父の愛を信頼するまでにはまだ遠い。自分はいまも息子であると分かっているが、「息子」と呼ばれる資格はないと自分に言い聞かせている。何とか命をつなぐために、「雇い人」としての身分を受け入れる覚悟でいる。そこには悔い改めはあるが、赦してくださる神の尽きない愛の光に照らされた悔い改めではない。それは、生き残れるかもしれないという自己保身の思いだ。

わたしは、こうした精神と心の状態がじつによく分かる。それはこう言っているかのようだ。「さて、自分のやり方ではうまくいかなかった。もう頼れるのは神しかいない。神のところへ行こう。そして、最小限の罰ですましてもらい、重労働と引き替えに、命だけは助けてもらえるように赦しを乞おう」。ここにはまだ、厳しい、裁く神という姿がある。この神の姿こそ、わたしに罪悪感を感じさせ、不安にさせ、そうしたあらゆる自己保身のための弁解を思い浮かばせるのだ。このような神に従っても、真の内的自由は生まれないばかりか、心に苦々しさと恨みがましさを募らせるばかりだ。

霊的生活でもっとも困難な課題の一つは、神の赦しを受け入れることだ。わたしたち人間の内には、神がわたしたちの過去を帳消しにし、まったくの新しい始まりをもたらしてくださるのを妨げ、罪にしがみつかせる何かがある。自分の内の闇があまりに深いので、それを克服するのは不可能だと、わたしは神に向かって証明しようとしているかのようだ。神は、息子としてのわたしの尊厳を完全に回復したいと願っているのに、わたしは自分を雇い人の立場に置くことにこだわっている。

ところでわたしは、息子としての責任が完全に回復されることを本当に願っているだろうか？　まったく新しい生き方が可能になるほどの完璧な赦しを、本当に願っているだろうか？　わたしはそこまで自分を信頼し、徹底的な更生ができると信じているだろうか？　自分に深く根を張っている神に対する反逆精神を引きちぎってでも、自分の内に新しい人間を出現させる神の愛に、自分を絶対的にゆだねようと願っているだろうか？

赦しを受け入れるとは、神を神とすることであり、すべてが癒され、回復され、新しくされることを、ことごとく受け入れる覚悟が求められる。わたしの内の一部しかそうなることを求めないなら、部分的解決に過ぎず、それはまさに雇い人になるようなものだ。雇い人でさえあれば、安全な距離を保ったり、反乱を起こしたり、拒否したり、ストライキをしたり、逃げ出したり、さらには自分の報酬について難癖をつけることもできる。一方、わたしが愛されている息子であろうとすることは、それに伴う尊厳をことごとく受け止め、さらには、わたし自身が父となる準備を始めることを求められる。

踵《きびす》を返して家にたどり着くまでの道のりは、賢く振る舞い、修練としての旅をしなければならないのは明らかだ。その修練とは、神の子どもとなるということである。神へと向かう道は、幼年を新しく迎えるのと同じだ。それは、次のイエスの言葉が明らかにしている。「心を入れ替えて子どものようにならなければ、決して天の国に入ることはできない」(マタイ18・3)。イエスは、子どものままでいるように求めているのではなく、子どもになることを求めておられる。子どもになるとは、第二の純真な状態に達するように生きることだ。それは、生まれたばかりの新生児としての純真さではなく、意識的な選択によって近づける純真さのことである。

この第二の幼年、第二の純真さを迎えた人々の状態とは、どのようなものだろうか。イエスはこれを、山上の垂訓で述べた八つの祝福の中ではっきりと示された。イエスを「愛する子」と呼んでくださった声を耳にしてほどなく、また、愛される価値があることを世に示せと挑んできた悪魔の声を退けてのちすぐ、イエスは公的な任務に就かれた。最初になさったことの一つは、イエスに従い、その任務を共に担う弟子たちを召集することだった。それから山に登り、周りに弟子たちを呼んで、こう言われた。「心の貧しい人々、悲しむ人々、柔和な人々、義に飢え渇く人々、憐れみ深い人々、心の清い人々、平和を実現する人々、義のために迫害される人々は、幸いである」(マタイ5・3〜10参照)

これらの言葉は、神の子どもとしての姿を示している。それはイエスご自身の、すなわち、愛されている息子としてのご自分の姿である。それはまた、わたしのあるべき姿でもある。この八つの祝福は、帰郷の旅、すなわち、父の家に帰るためのもっとも単純な道筋を示している。そして、この道をたどることができれば、第二の幼年の持つ喜びを見出すことだろう。すなわち、慰め、憐れみ、そして、これ以上ないほどはっきりとした神を仰ぎ見る喜び。そして、家にたどり着き、父の抱擁をこの身に感じるとき、わたしはこう悟るだろう。わたしが引き継ぐのは天国だけでなく、この地もまたわたしが相続する、と。そこでは、何の脅迫も強制もなしに、自由に生きることができる。

子どもになるということは、八つの祝福を生きることであり、そうすることで、神の国に通じる狭き門を見出すことである。レンブラントはこのことを知っていただろうか？　たとえ話が、彼の絵のこのような新しい面をわたしに見させてくれたのか、それとも彼の絵が、このたとえ話の新しい面をわたしに発見させてくれたのか、それは分からない。しかし、家に帰った若者の頭をよく見てみると、わたしは第二の幼年の姿をそこに見ることができる。

友人たちにこの絵を見せ、どんなふうに見えるか尋ねたときのことを、いまでもはっきりと思い出す。その中の一人の若い女性が立ち上がり、放蕩息子の大きな複製画に近寄り、弟息子の頭の上に手を置いた。そしてこう言った。「これは、母親の胎から出たばかりの赤ちゃんの頭です。見て、まだ濡れている。それに、顔もまだ胎児のようだわ」。そこにいたわたしたちは瞬時に、彼女の指摘した通りに見えた。レンブラントが描いたのは、単に父のもとに帰ることだけでなく、父であり同時に母でもある神の胎に戻ることではないだろうか。

そのときまでわたしは、若者の剃った頭を、監獄に入っていた人か強制収容所で生活した人のものだと考えていた。彼の顔も、人質となってひどい扱いを受けたために痩せこけたものだと考えていた。画家が示したかったのも、それだけだったかも知れない。しかし、この友人の発言に出くわして以来、小さな赤ん坊が母の胎にふたたび入ろうとしている姿を思わずに、この絵を見ることができない。このことは、家に向かって歩む道のりを、より鮮明に理解する助けとなった。

小さな子どもは、貧しく、柔和で、心の清い者ではないだろうか？　小さな子どもは、ちょっとした痛みにさえ泣き出さないだろうか？　小さな子どもは、平和の実現に飢え、公義に渇き、迫害にあったとき、もっとも悲惨な犠牲にならないだろうか？　ではイエスご自身、すなわち、人となられた神の言葉、マリアの胎内に十ヶ月宿られた方、幼子としてこの世に来られ、近郊からやって来た羊飼いと、はるか遠くからやって来た賢者が礼拝した方はどうか？　この永遠なる神の息子は、子どもになられた。とすれば、わたしもふたたび子どもになれるはずであり、そうしてこそ、イエスと共に父の王国に再入国できるのだ。イエスはニコデモにこう言われた。「はっきり言っておく。人は、新たに生まれなければ、神の国を見ることはできない」（ヨハネ3・3）

## 真の放蕩息子

ここでわたしは、イエスご自身がわたしたちのために放蕩息子となられた、という奥義に触れたいと思う。イエスは天の父の家を去り、外国に行き、持っていたすべてを与え尽くし、十字架につけられて御父のいる家に帰られた。このすべてを、反抗的な息子としてではなく、従順な息子として行なわれた。神の失われた子どもたちすべてを、家に連れ戻すために遣わされた。罪人たちとの交際を批判する人々に放蕩息子の話をされたのは、イエスであった。そして、自分の描いた、長く、つらい帰郷の旅路をご自分で生きられた。

このたとえ話と、それを描いたレンブラントの絵をわたしが思い巡らし始めたころは、新生児の顔をした憔悴《しょうすい》し切ったこの若者を、イエスになぞらえることなど考えもしなかった。しかし、それこそ多くの時間をかけて親しみ、瞑想してきたいま、この洞察に祝福を感じている。

父の前でひざまずく、心の砕かれた若者は、「世の罪を取り除く神の小羊」（ヨハネ1・29）ではないだろうか？　罪は犯されなかったのに、わたしたちのために罪を負わされた純真無垢の方ではないだろうか？「神と等しい者であることに固執しよう」とせず、「人間と同じ者になられ」（フィリピ2・6〜7）た方ではないだろうか？　十字架上で、「わが神、わが神、なぜわたしをお見捨てになったのですか」（マタイ27・46）と叫ばれた、罪なき神の息子ではないだろうか？

イエスは、御父から託されたすべてを手放した息子、つまり、惜しみなく与える御父（prodigal Father）の、惜しみなく与える息子（prodigal son）であり、そのおかげで、わたしはイエスに似た者となって、イエスと共に御父の家へ帰ることができるのだ。（訳注：prodigalには、「浪費」、「放蕩」、「惜しみなく与える」などの意味がある。）

イエスご自身を放蕩息子と見なすことは、このたとえ話の伝統的解釈から、かなりかけ離れている。にもかかわらず、この洞察には偉大な奥義が秘められている。わたしが神の息子であることとイエスが神の息子であること、わたしが家へ帰ることとイエスが家に帰ること、わたしの帰るべき家とイエスの帰るべき家は、そのどれもが同じであることの意味を、わたしは徐々に発見し始めている。イエスのたどられた旅をする以外、神へと向かう旅はない。放蕩息子の話をした方は、神の言《ことば》であり、「万物は言《ことば》によって成った」。そして「肉となって、わたしたちの間に宿られ」、イエスの満ちあふれる豊かさの一部に、わたしたちを加えてくださった(ヨハネ1・1～14参照)。

放蕩息子の話を信仰の目によって見るなら、放蕩息子の「帰郷」とは、すべての人間をご自分のもとに引き寄せ、天の父のために連れ帰るお方、すなわち神の息子の帰郷になる(ヨハネ12・32参照)。それは、パウロが言うように、「(神は)満ちあふれるものを余すところなく御子の内に宿らせ、……地にあるものであれ、天にあるものであれ、万物をただ御子によって、御自分と和解させせられ」たことを指す(コロサイ1・19～20)。

ピエール・マリー神父は、都会に住む修道者の共同体、エルサレム兄弟会の創設者だが、非常に詩的かつ聖書的な見方で、放蕩息子としてのイエスについて、こう書いている。

人間の血筋からではなく、人間の欲や意志からでもなく、神ご自身からお生まれになった彼は、ある日、ご自分の足台の下にあったすべてのものをまとめ、ご自分の相続財産、息子としての称号、そして身代金をそっくり持って家を出た。彼は遠い国へ……はるかかなたの地へ向けて……旅立った。そこで人間となり、ご自分を無になさった。彼のものであるはずの人々は彼を受け入れず、最初のベッドは藁《わら》であった！　乾いた土地に張った根のように、わたしたちの目の前で彼は成長し、さげすまれ、もっとも卑しい者とされ、人は彼の前で顔を覆《おお》った。

間もなく彼は追放され、敵意にさらされ、孤独を味わった。……あらゆるものを惜しみなく与え尽くした。彼の富、彼の平和、彼の光、彼の真理、彼の命……すべての知識と知恵の宝、そして永遠の時を超えて隠されてきた神秘を与えた。すなわち、イスラエルの家の失われた子どもたちの中で自らを失い、病にある人たちと（問題のない人々とではなく）、罪人たちと（正しい者とではなく）、さらに、御父の国に入れると約束した娼婦たちと、共に時間を過ごしさえした。大食漢で大酒飲み、徴税人や罪人の仲間と見なされ、サマリア人、悪魔つき、神を冒涜《ぼうとく》する者として扱われた。その体と血にいたるまで、すべてをお捧げになった。

彼は自ら深い悲しみと苦悩に沈み、魂は錯乱した。絶望のどん底まで落ち込み、生ける水の源からはるかに遠ざかり、自ら父に見捨てられた者となり、釘づけになった十字架上で叫ばれた、「渇く」と。彼は塵《ちり》の中に、死の陰に、死んで横たえられた。そして、わたしたちすべての犯罪を負い、わたしたちの罪を担い、わたしたちの悲しみを携えて降りて行かれた黄泉《よみ》の底から復活なさった。さらに、まっすぐに立ち、こう叫ばれた。「いまこそ、わたしはわが父、あなたがたの父、わたしの神、あなたがたの神のもとに上げられる」。こうしてふたたび天に昇られた。

それから、沈黙のうちに、父は、ご自分の息子と子たちのすべて（なぜなら御子はすべてにおいて、すべてとなられた）をご覧になり、そして僕《しもべ》たちに言われた。「急げ！　いちばん良い服を持って来てこの子に着せ、手に指輪をはめてやり、足に履物を履かせなさい。食べて祝おう！　知ってのとおり、わたしの子たちは死んでいたのに、生き返った。いなくなっていたのに、見つかったのだ！　わたしの放蕩（惜しみなく与える）息子が、彼らをすべてわたしのもとに連れ戻してくれた」

神の子どもたちはみな祝宴に加わった。小羊の血で洗われ、白くなったマントをまとって。(7)

ふたたび絵に戻って放蕩息子を見ると、いまや新たな見方で彼が見えてきた。イエスご自身の父であってわたしの父でもあり、イエスご自身の神であってわたしの神でもある方へ戻られた息子イエスとして見えてきた。

レンブラント自身が、こうした見方で放蕩息子を考えたことはあり得ないだろう。このような理解は、当時の説教や文献には見られない。そうではあっても、この疲れ果て、砕かれた若者の中にイエスご自身を見て取ることに、わたしは大きな安らぎと慰めを覚える。父に抱かれた若者は、もはや悔い改めた一人の罪人にとどまらず、神のもとに帰る全人類を表わす。放蕩息子の傷ついた体は、傷ついた人類の体となる。そして、戻って来た息子の赤ん坊のような顔は、失われた楽園にふたたび入ることを待ち焦がれている、すべての苦しんでいる人々の顔となる。

このように見るとレンブラントの絵は、単なる感動的なたとえ話以上のものになる。それは、わたしたちの救済史を要約したものになる。いまや父と息子を取りまく光は、神の子どもたちを待ちうける栄光を物語っている。それは、ヨハネの壮大な言葉を思い起こさせる。「……わたしたちは、いますでに神の子ですが、自分がどのようになるかは、まだ示されていません。しかし、御子が現われるとき、御子に似た者となるということを知っています。なぜなら、そのとき御子をありのままに見るからです」(一ヨハネ3・2)

しかし、レンブラントの絵にしても、たとえ話にしても、そこに描かれていることは、わたしたちをいつまでも恍惚状態に置いたままにしない。シモーヌの事務所にあったポスターで、絵の中心を占める息子を抱いている父の情景だけを見たとき、その様子を眺めている四人の傍観者にはまだ気づいていなかった。しかしいまは、この「出戻り」を取り囲む人物たちの顔を知っている。

彼らはどう見ても得体の知れない人物だと言えよう。とくに絵の右側に立っている背の高い男についてはそうだ。もちろんそこには美、栄光、救いがある。……しかしそこには、自分たちはかかわりたくないという批判的な傍観者の視線がある。彼らは、この絵に抑制的な調子を加え、霊的和解という問題の、ロマンティックな解決という見方に水を差す。弟のたどった旅路は、兄がたどったものと切り離すことができない。それではこれから、じっくりと兄息子に注目して見ることにしよう。

# 第二部 ■ 兄息子

ところで、兄の方は畑にいたが、家の近くに来ると、音楽や踊りのざわめきが聞こえてきた。そこで、僕《しもべ》の一人を呼んで、これはいったい何事かと尋ねた。僕は言った。「弟さんが帰って来られました。無事な姿で迎えたというので、お父上が肥えた子牛を屠《ほふ》られたのです」。兄は怒って家に入ろうとはせず、父親が出て来てなだめた（中に入るようにとしきりにうながした）。しかし、兄は父親に言った。「このとおり、わたしは何年もお父さんに仕えています。言いつけに背いたことは一度もありません。それなのに、わたしが友だちと宴会をするために、子山羊一匹すらくれなかったではありませんか。ところが、あなたのあの息子が、娼婦どもと一緒にあなたの身上を食いつぶして帰って来ると、肥えた子牛を屠っておやりになる」

すると、父親は言った。「子よ、お前はいつもわたしと一緒にいる。わたしのものは全部お前のものだ。だが、お前のあの弟は死んでいたのに生き返った。いなくなっていたのに見つかったのだ。祝宴を開いて楽しみ喜ぶのは当たり前ではないか」

# 4　レンブラントと兄息子

エルミタージュ美術館で何時間か過ごしている間、弟息子に静かに見入っていたが、父が帰宅した息子を抱いている台の右側に立つ男が、兄であることに少しの疑念も抱かなかった。そこに立って大歓迎の抱擁を見つめている様子から、画家が兄を描いたことを疑わせるものはない。この厳しい視線の冷ややかな立ち会い人について、わたしはたくさんのことをノートに記し、兄息子についてイエスが語ったことのすべてをそこに読み取った。

しかし、実際のたとえ話では、失った息子を父が抱き、慈しみを示している間、兄はまだ家にいなかったことがはっきりしている。話が伝えていることはこうだ。兄がようやく仕事から帰ってきたとき、弟を迎え入れる祝宴がたけなわだった。

わたしは、レンブラントの絵とたとえ話との食い違いを、いとも簡単に見過ごしていたことに驚いた。そして、画家が放蕩息子を描いたとき、ただ単純に二人の兄弟を並べたかったのだと、当たり前のように考えていた。

わたしは自宅に戻って、この絵についてのすべての歴史的資料を読んで見たが、右側に立っている男の特定に、多くの評論家はわたしほどの確信がないことがすぐ分かった。この男を老人だとしている人もいれば、これを描いたのがレンブラント本人か疑う人さえいた。

しかし、エルミタージュ美術館を訪ねて一年以上たったある日、友人のアイヴァン・ダイヤーが、バーバラ・ヘガー著『レンブラントの放蕩息子の帰郷が持つ宗教的意味』(8)という本を送ってくれた。わたしが『放蕩息子』の絵に興味を持っていることを、前から彼とよく話していたからである。その文献の見事な研究が、レンブラント時代の視覚芸術とイコン制作の伝統にのっとって兄の描写を位置づけ、絵の中にふたたび彼を連れ戻した。

ヘガーは次のことを明らかにしている。レンブラント時代の聖書解釈と絵画では、「ファリサイ人と徴税人のたとえ話」と「放蕩息子のたとえ話」は、密接に関連づけられていた。画家はその伝統に従っているのだ。戻ってきた息子を、座って胸を打ちながら見つめている男は、この家の執事で、罪人と徴税人を代表している。謎めいた視線で父親を見ながら立っている男は兄であり、ファリサイ人と律法学者を代表している。絵の中でもっとも際立つ立会人として兄を配置したことで、レンブラントはたとえ話の文字通りの記述にこだわらなかったばかりか、当時の伝統的画法にもこだわらなかった。それはヘガーの言うように、レンブラントは、文字を追うことより聖書のテキストの精神を汲み取ったのだ[9]。

ヘガーの発見は、わたしの最初の直観を支持しているのでうれしいが、それ以上のものがある。それは、重要な霊的闘いと、そこで求められる重大な選択を、まとめて表わした作品として『放蕩息子の帰郷』を見させてくれることだ。父の腕に抱かれた弟だけでなく、自分に差し出された愛を受け取るか否かの選択を迫られている兄をも描くことで、レンブラントはわたしに、「魂の内で起こっているドラマ[10]」を見させてくれる。つまり、画家のドラマだけでなく、わたし自身の内にあるドラマとしても――。

放蕩息子のたとえ話は、福音の中心的メッセージが凝縮されている。それを聞く者に、福音に直面させ、どう選択するかを迫る。それとまったく同じく、レンブラントのこの絵も、画家自身の霊的葛藤のすべてをここに凝縮することで、絵を見る者に、自分の人生についての個人的な決断をするようにと招く。こうした傍観者たちを絵に描き入れることで、それを鑑賞する人々が、自分に深く関係あるものとして引き寄せられる作品にしている。

一九八三年の秋、この絵の中心部分だけを印刷したポスターを初めて見たとき、わたしは即座に個人的に惹かれるものがあるのを感じた。この絵の全体像に親しむようになってから、とくに右側で目立っている立会人の意味が明らかになるにつれて、これまで以上に、この絵はとてつもなく大きな霊的チャレンジを描いていると確信するにいたった。

弟息子を見つめ、そしてレンブラントの生涯を思い巡らすにつれ、画家が弟息子を自分に当てはめて理解していただろうことが、わたしにははっきりと見えてきた。彼が『放蕩息子の帰郷』

を描いたのは、あふれるばかりの自信、成功、名声で築かれた生活のあとの、多くの痛ましい喪失、落胆、失敗を味わっていたときだった。その経験を通して、彼の持っているものすべてが、外面的な光から内面的な光へ、外面的な出来事の描写から内面的な意味の描写へ、物と人であふれる生活から静まりと沈黙《ソリチュード》で特徴づけられる生活へと移行した。年齢と共に、より深い内面性と静けさが養われた。それは、霊的な意味での帰郷である。

しかし、兄息子の生き方も、レンブラントの人生体験の一部をなしている。実際、現代の多くの伝記作者は、彼の人生を美化することに反対している。彼らが強調していることは、レンブラントが一般に信じられている以上に、スポンサーの要求と金銭的必要に振り回されていたこと、絵の題材も、彼の霊的視点というより、当時主流であった流行に従った結果が多いこと、彼の失敗も、周囲の人々に見る目がなかったというより、彼自身の独善的で不愉快きわまりない性格によることが多いことなどだ。

最近の伝記作家の一人は彼のことを、霊的真理の求道者というより、自己中心で計算高く、人を操る人物と見なしている。彼の絵の多くは確かに見事であるが、霊的内容は見かけよりはるかに少ないという。このような、レンブラントを非神話化した研究に接し、わたしは最初ショックを受けた。とくにゲーリー・シュワルツによる伝記は、レンブラントを美化しているところがみじんもなく、はたして「回心」に近いことが彼に起こったのだろうかと疑わせる。最近の多くの研究によって、絵を発注し、買ってくれたパトロンたちとの関係、また家族や友人たちとの関係においても、彼と生活することは非常に難しかったことが明らかにされている。シュワルツは、彼のことを次のように述べている。「冷酷で、復讐心に燃え、自分を邪魔する人々を、ありとあらゆる武器を使って攻撃した人物である[11]」

実際、レンブラントは自己中心的で傲慢《ごうまん》、執念深い行動におよんだことも珍しくないことで知られている。これは、彼が六年間一緒に生活したヘルティエ・ディルクスンの扱い方に、もっとも鮮明に現われている。ヘルティエには兄がいて、代理人としての権限を彼女からまかされていたが、レンブラントはその兄を利用し、「彼女の不利になるような証言を隣人たちからかき集め、彼女を精神病院に送り込もうとした[12]」。その結果、ヘルティエは精神病施設に監禁された。そののち、彼女が退院できそうになると、「レンブラントは人を雇って、彼女に不利な証拠を集めさせ、施設から出て来れないようにした[13]」

これらの悲惨な出来事が起きた一六四九年、レンブラントはこのことで憔悴《しょうすい》し切って、一つの作品も残していない。ここに、レンブラントのもう一つの姿が浮かび上がってくる。恨みつらみで我を忘れ、復讐心に燃えた、人を裏切る男である。

このようなレンブラントには目を背けたくなる。世の快楽主義的な楽しみを欲しいままにした好色な人間だったが、その後、悔い改め、家に帰り、非常に霊的な人物になったというのであれば、同情するのもさほど難しくない。しかし、根深い恨みを抱き、卑劣な裁判沙汰《ざた》に貴重な時間を浪費し、尊大な態度でつねに人々を遠ざけた人物の価値を認めるのはかなり難しい。それでも、精いっぱい彼を理解しようとすれば、それもまた彼の一部であり、無視できない部分だということだ。

レンブラントは、弟息子であるのと同じように、兄息子でもあった。その生涯の最後の何年かで、『放蕩息子の帰郷』に両者を描き入れたとき、すでに彼は弟息子の失われた状態とも、兄息子としての失われた状態とも無縁でない人生を経験していた。両者とも癒しと赦しが必要だった。両者とも家に帰ることを必要とした。両者とも、赦してくれる父の抱擁を必要とした。しかしこの物語から、またレンブラントの絵からも明らかなことは、実現のもっとも困難なものは、家に留まっている者の回心だということである。

# 5　兄息子の家出

ところで、兄の方は畑にいたが、家の近くに来ると、音楽や踊りのざわめきが聞こえてきた。そこで、僕《しもべ》の一人を呼んで、これはいったい何事かと尋ねた。僕は言った。「弟さんが帰って来られました。無事な姿で迎えたというので、お父上が肥えた子牛を屠《ほふ》られたのです」。兄は怒って家に入ろうとはせず、父親が出て来てなだめた（中に入るようにとしきりにうながした）。しかし、兄は父親に言った。「このとおり、わたしは何年もお父さんに仕えています。言いつけに背いたことは一度もありません。それなのに、わたしが友だちと宴会をするために、子山羊一匹すらくれなかったではありませんか。ところが、あなたのあの息子が、娼婦どもと一緒にあなたの身上を食いつぶして帰って来ると、肥えた子牛を屠っておやりになる」

## 両手を握って立つ

美術館でレンブラントの絵を見ながら何時間も過ごす中で、わたしはしだいに兄の姿に魅了されていった。わたしはじっとその姿に見入りながら彼について思い巡らし、この男の頭と心の内に何が起こっているのだろうかと思った。疑いようもなく彼は、帰宅した弟を眺める人々の中で主要な位置を占めている。父が弟息子を抱擁している部分だけの絵（訳注：シモーヌの事務所のポスター）に親しんでいれば、人を引きつけ、感動させ、安心させる絵であると認めるのはさほど難しくない。しかし絵全体を見ると、この再会の出来事の複雑さにすぐ気がつく。

この傍観者の内の中心人物は、父が戻った弟を抱いているのを眺めながら、身を引いているように見える。彼は父を見つめているが、喜んではいない。弟に手を差し伸べることも、微笑《ほほえ》むことも、歓迎の意も表わしていない。彼はただじっとそこに立っている――台の片側に――。すぐにでも台に上ろうとするような気配はまったくない。

確かに、「帰る（帰郷）」ということが、この絵の中心的な出来事である。構図上、キャンバスの中央に描かれていないにしてもだ。それは絵の左側に置かれている。それに対し、背の高い、厳しい表情の兄息子が右側を占めている。大きな空間が、父と兄息子の間を隔てている。それは、解決を求める緊張を生み出している。

絵の中の兄息子を含めて全体を見ると、もはやこの「帰郷」を感傷的にとらえることはできなくなる。傍観者の中心を占めるこの人物は距離を保ち、見たところ、父と一緒に弟を歓迎する輪に加わりたくないようだ。この男の内部で何が起こっているのだろうか？　彼はどうするつもりなのか？　父のように弟に近づいて抱擁したいだろうか？　あるいは、怒りと不快感から、去ってしまいたいだろうか？

友人のバートから、わたしは弟息子より兄息子のほうに似ているのではないかと指摘されて以来、より注意を払って「右にいる男」を観察するようになり、多くの新しい、そしてつらいことに気づくようになった。レンブラントは、兄息子を父と大変よく似せて描いている。二人とも鬚《ひげ》があり、肩から大きな赤いマントをまとっている。この外見上の描写は、兄息子と父が多くを共有していることを暗示し、兄息子を照らす光がその共通性を強調している。この光こそまさに、兄息子の顔と父の輝く顔とのつながりを示している。

しかし、その間には何と痛ましい隔たりがあることか！　父は、帰って来た我が息子の上に身をかがめている。兄息子は身を堅くして直立している。そのポーズは、床まで届いた長い杖によって強調されている。父のマントは広げられ、人を歓迎しているかのようだ。兄息子のマントは、父の両手は差し伸ばされ、祝福を与えようと帰宅した息子に触れている。兄息子の両手はしっかりと握られ、胸の近くに置かれたままだ。二人の顔には光が当たっている。しかし父親の顔から発している光は、その体全体から——とくに両手から——流れ出て、温かさのあふれる素晴らしい光の輪の中に息子を包み込んでいる。一方、兄息子の顔から出る光は冷たく、抑制されたものだ。彼の姿は暗闇の中に留まり、握った両手も陰の中にある。

レンブラントが絵にした話を、「失われた息子たちのたとえ話」と呼んでもいいだろう。つまり、遠い国に自由と幸福を求めて家を出た弟息子だけでなく、家に留まった息子も失われた者となった。彼は、外見的には良い息子で、すべきことをすべて行なったが、内面においては、父から離れ、さまよい出ていた。自分の義務を果たし、毎日一生懸命に働き、すべての義務を果たしてはいても、しだいに不満を抱き、自由を感じなくなっていた。

## 恨みによって失われる

わたしにとって難しいのは、快楽に溺《おぼ》れた弟より、苦々しい思いで腹を立て、怒っている兄のほうが霊的なあり方でわたしに近いかもしれないと認めることだ。それでも、兄息子について考えれば考えるほど、彼はわたしに似ていると認めざるを得ない。わたし自身、長男として生まれたので、模範的な息子であろうとすることが、どのような感じかよく分かる。

両親の期待にそって生きようとし、従順で勤勉な子だと思われたいのは、とりわけ兄息子のほうではないだろうか。人を喜ばせようとしがちだ。またたいていは両親を失望させることを恐れる。さらに、かなり早い時期から弟や妹たちに、ある種のねたみを抱くようになることが多い。弟や妹たちは、人を喜ばせることにあまり関心がなく、「自分のしたいことをする」自由がたくさんあるように思える。

わたし自身、確かにそれが当てはまる。自分は行なえそうもないのに、周りにいる多くの人に見られる不従順な生き方に、変な好奇心をいつも隠し持っていた。わたしは、なすべきことをすべて行なってきた。わたしの人生で、親のような役割を果たした多くの人々――教師、霊的指導者、司教、そして教皇――から要求された項目にほとんど応じてきた。しかし同時に、弟息子がしたように、なぜそこから「逃げ出す」勇気を持たなかったのかと疑問に思うことも多い。

こう言うのも変だが、わたしは心の奥深くで、わがままな弟をうらやましく感じているのを自覚していた。それは、わたしの軽蔑するさまざまなことを楽しむ友人たちを見て、心に湧き上がってくる感情である。わたしは彼らの行動を非難し、あるいは不品行とさえ呼んだが、同時に、なぜ自分はその一部、あるいはそのすべてを実行する度胸がないのかと、よく思ったものだ。

従順で勤勉な生き方をしてきたことに誇りを持ち、それゆえ誉められたが、たまにそれを、肩に担った重荷のように、自分への圧迫と感じることがあった。もはやそのような生き方を捨てることができないほど従っていたのにもかかわらず……。たとえ話の中で、こう不満を漏らした兄に自分を当てはめてみると、よく納得がいく。「わたしは何年もお父さんに仕えています。言いつけに背いたことは一度もありません。それなのに、わたしが友だちと宴会するために、子山羊一匹すらくれなかったではありませんか」

この不満によれば、従順と義務は彼の重荷となり、奉仕は奴隷のようなものになっていた。

あるとき、これらがみなわたしにとって現実となった。最近キリスト者となった友人が、「あまり祈らない」と言ってわたしを批判したときのことだ。彼の批判にわたしは非常に怒った。わたしはこう独り言を言った。「わたしに祈りについて教えようとは、何とずうずうしい！　彼は長い間のんきに生きて、勝手な生活をしてきたではないか。わたしは子どものころから、きちんとした信仰生活をしてきた。回心したばかりなのに、このわたしに教えようとするのか！」

心の内のこの恨みがましさは、わたし自身がいかに「失われた者」であるかを示している。わたしは父の家に留まって、そこからさまよい出ることがなかった。しかし、自由な人生を生きてはいなかった。わたしのこの怒りとねたみは、自分がいかに束縛されているかを明らかにした。

これはわたしに限ったことではない。家にいながら、失われた多くの兄息子、姉娘がいる。この失われた状態——その特徴は、裁き、非難、怒り、恨み、ねたみ、嫉妬《しっと》——こそが、人間の心をひどく毒し、深刻な害を与えるのだ。わたしたちは失われた状態を、目に見える、劇的な行動を表わす表現でとらえやすい。弟息子は、簡単にそれと分かる罪を犯した。その失われた状態は、極めて明白だ。彼は自分のお金、時間、友人、自分の体を悪用した。彼のしたことは間違っている。それは彼の家族、友人、そして彼自身もよく知っていた。道徳に逆らい、自分の快楽と貪欲の欲しいままに行動した。彼の過ちは、とてもはっきりした輪郭でとらえられる。その後、自分勝手でわがままな行動は、悲惨な結果に陥る以外にないと気づき、我に返り、向きを変え、赦しを求めた。ここには、昔から人間が犯す失敗と、それへの単純明解な解決がある。とても分かりやすく、同情もしやすい。

しかし、兄息子の内に失われた状態を見つけることは、はるかに難しい。とりわけ彼は、いつも正しいことを行なってきた。従順で、勤勉で、法を遵守し、働き者だった。人々は彼を尊敬し、絶賛し、誉めたたえ、模範的な息子と考えていた。外見上は、非の打ちどころのない息子だった。しかし、弟息子の帰宅を喜んでいる父の姿を目にし、彼の内にある闇の力が表面に噴出して煮えくり返った。突然、心の内にある恨みつらみ、高慢、悪意、身勝手さが、その本性をギラギラさせながら姿を現わした。それは深く隠されたまま何年もかけて力を蓄え、勢いを増してきたものだった。

自分自身の奥深くを見つめ、そして周りの人々の生き方をよく見て、肉欲と恨みのどちらがより大きな害を与えるだろうかと考える。「正しさ」や「正義」の中に、あまりにも大きな恨みがある。「聖人」と言われる人の中に、それこそたくさんの裁く心、非難、偏見がある。「罪」を避けようと大変な努力をしている人の内に、それこそ多くの無慈悲な怒りがある。

憤った「聖人」の失われた状態を、正確に突き止めるのはとても難しい。それは、善良で高潔な人間でありたいという願望と、分かちがたく結びついているからだ。わたし自身も、善き人間になりたい、人に受け入れられ、好かれ、他人の良き模範となれるように熱心に励んできた。罪に陥らないように意識的に努力し、誘惑に屈することをいつも恐れていた。そのせいで、生真面目さ、道徳的な堅苦しさ（狂信すれすれの）を招き、父の家でくつろぐことが、ますます難しくなった。わたしは自由を失い、自発性がなくなり、遊び心が消え、他の人々はますますわたしのことを、何となく「重苦しい人」と見るようになった。

## 喜びを拒む

兄息子が父親を非難したときの言葉——自己義認、自己憐憫、嫉妬《しっと》深い言葉——に、注意深く耳を傾けてみると、根深い不満の声がそこに聞こえてくる。それは、受け取って当然のものを、まったく受け取っていないと感じることからくる。何となくほのめかされたり、あるいは無遠慮に訴えたりもするそうした不満は、人間の怨念《おんねん》を溜め込む温床となる。それは、こう叫ぶ。「わたしは一生懸命やった、長く働いた、たくさんのことをした。それなのに、他の人々が簡単に手に入れたものを、わたしはまだ手にしていない。あの人たちは、なぜわたしに感謝しないのか。なぜわたしを招待してくれないのか。なぜわたしと一緒に遊んでくれないのか。なぜわたしを尊敬しないのか。気楽で、のんきに生きている人たちには、あれほど関心を向けておきながら」

口に出す場合もあり、出さない場合もあるこの不平不満は、わたしの内に兄息子がいることを認めさせる。わたしはよく、ちょっとした拒否やささいな不作法を受けたり、少し無視されただけで不満を抱く。すると、ぼやき、泣き言、愚痴《ぐち》、嘆き、不平不満が、わたしの中に次々と何度となく生まれ、ときには自分の意志に反してさえも、そうした思いに捕らわれている自分に気づく。心に芽生えた疑いをくよくよ考えれば考えるほど、わたしの状態は悪くなる。それを分析すればするほど、不満の生まれる理由が見つかる。それに深く執着すればするほど、問題は複雑になるばかりだ。

この心の不満には、人を引き込む途方もなく大きな闇の力がある。他人や自分を責める思い、独善、自己拒否が補強し合って、ますます悪意が募る。それに誘い込まれるたびに、わたしは際限ない自己拒否の渦に巻き込まれる。心の広大な迷宮に引きずり込まれ、ますます自分を失い、とどのつまりは、自分は世界でいちばん誤解され、拒絶され、無視され、軽蔑されている人間だと感じてしまう。

わたしにとって、確かなことが一つある。不満というものは、いつまでたってもきりがなく、逆効果を生みだすということだ。何としても同情を引き出し、満足を得たいと願って不平を言うと、いつも逆の結果になる。不平を抱く人と一緒に生活するのは難しい。自分は拒否されていると思う人の不満に適切に応答できる人は、ほんのわずかしかいない。悲劇的なのは、いったん表明された不満は、もっとも恐れているものを招く場合が多いということだ。それは、さらなる拒否である。

この観点から見ると、兄息子が父と喜びを共有できなかった理由が容易に理解できる。彼が畑から家に帰ってきたとき、音楽が鳴り、踊っている様子が聞こえてきた。家が喜びで湧き返っていると分かった。彼はすぐに怪しいと思った。人は、自分が拒否されているという不満が心に形作られてしまうと、他人の喜びを喜ぶ心の余裕を失ってしまう。

物語にはこうある。兄息子は、「僕《しもべ》の一人を呼んで、これはいったい何事かと尋ねた」。ここに彼の恐れがある。「自分はまたのけ者にされた、だれもわたしに話してくれなかった、自分は仲間外れにされている」という思いだ。不満というものは、すぐぶり返す。「なぜ、知らせてくれなかったのか、これはいったい何ごとか?」と。何も知らない僕は、すっかり興奮し、この良い知らせを伝えたい一心で、こう説明する。「弟さんが帰って来られました。無事な姿で迎えたというので、お父上が肥えた子牛を屠られたのです。その騒ぎです」。しかし、この喜びの叫びは、受け止められなかった。安堵と歓喜どころか、僕の喜びと逆の結果を引き起こした。「兄は怒って家に入ろうとは」しなかった。喜びと恨みは共存できない。音楽と踊りは、彼の喜び立てるどころか、冷や水を浴びせるものとなった。

これと似た体験をしたことを、わたしはいまでも鮮明に覚えている。あるとき、わたしはひどく孤独を感じたため、ある友人を誘って気晴らしに出かけようとした。彼は時間がないからと断ったが、その少しあと、別の友人の家で行なわれたパーティで彼を見つけた。彼はわたしを見つけ、こう言った。「ようこそ。一緒にどうぞ。会えてうれしいよ」。しかし、そのパーティを教えてくれなかったことに、その場にいられないほどわたしは憤慨した。自分は受け入れられてない、好かれてない、愛されていないという不満が心にあふれ、わたしはその部屋を出て、バタンと扉を強く閉めた。わたしはすっかり力を失い、そこにあった喜びを受け入れることも、そこに加わることもできなかった。一瞬にしてそこにあった喜びが、わたしの恨みを引き出すもとになった。

喜びに加われなかったこの体験で、憤る心というものを体験した。兄息子は家に入ることをせず、父と喜びを分かち合うこともしなかった。彼の心に湧き起こった不満が彼をがんじがらめにし、暗闇が彼の心を支配した。

レンブラントは、父が喜んで弟息子を受け止めている台の脇に兄息子を描いたとき、このことのもっとも深い意味を感じ取っていたのだ。彼は、演奏家やダンサーのいる祝宴を描かなかった。それは、父の喜びを表わす外面的なしるしに過ぎない。祝宴らしいものを示す唯一のしるしは、女性（母だろうか？）のもたれている壁のレリーフに彫られた笛吹きだけだ。パーティの代わりにレンブラントは光を、父と息子の両者を包み込むまばゆい光を描いた。彼が描いたのは、神の家に宿る静かな喜びだった。

物語を読んだ人は、喜ばしい騒ぎの聞こえる光の灯《とも》った家に入ろうともしない兄息子が、戸外の暗闇に立っている姿を想像するだろう。しかしレンブラントは、家も戸外も描かなかった。彼は、この話のすべてを闇と光で描き出している。光で満ちあふれる父の抱擁は、神の家だ。音楽と踊りはすべてそこにある。兄息子はこの愛の輪の外に立っていて、そこに入るのを拒んでいる。父の顔を照らす光は、彼もまた光へと招かれていることを明白に示している。しかしその招きは、彼を強制していない。

ときどき、人は疑問に思う。「兄息子にいったい何が起こったか？」、「彼は父の説得を受け入れただろうか？」、「最後には家に入って、祝宴に加わっただろうか？」、「父がしたように彼は弟を抱きしめ、帰宅を歓迎しただろうか？」、「彼は父と弟と同じ食卓について、お祝いのご馳走を一緒に楽しんだだろうか？」

レンブラントの絵も、たとえ話も、最終的に兄息子が、自分が回復されることを望んだかどうかを語っていない。兄は、自分もまた赦しが必要な罪人であると告白しただろうか？　自分は弟よりましなわけではないと認める意思があっただろうか？

これらの問いは残されたままだ。弟が祝宴をどのように受け入れ、その後、どのように父と暮らしたか、わたしたちが知らないのと同じく、兄は、弟と、父と、また自分自身とも和解したかどうか分からない。ただ、揺るぎない確実なこととしてわたしが知っているのは、父の思いだ。それは、限りない慈しみの心である。

## 自分への問い

おとぎ話と異なり、このたとえ話はハッピーエンドで終わらない。それどころか、人生でもっとも困難な霊的選択の一つに、わたしたちを直面させる。それは、すべてを赦す神の愛に信頼するか否かという選択だ。その選択ができるのは、自分しかいない。

イエスはファリサイ人と律法学者らの、「この人は罪人たちを迎えて、食事まで一緒にしている」（ルカ15・2）という不満に対し、帰郷した放蕩息子を持ち出すだけでなく、憤慨した兄息子も持ち出して彼らに対抗した。それは、決まりごとを順守する宗教家にショックを与えたに違いない。彼らはそこで、自らが述べた不満に直面させられ、罪人たちへの神の愛にどう応えるか、選択せざるを得なくなった。

彼らはイエスがしたように、罪人たちと食事を共にしようとしただろうか？　それはいまも昔も、熱心な宗教家にとり、わたしにとり、さらには恨みに捕らわれ、不満いっぱいの生活に惑わされているすべての人間にとり、真のチャレンジとなる。

自分の中にいる兄息子について思い巡らすほど、現実に、それがいかに深く根を張っているか、また家に帰ることが、いかに困難であるかを認めるほかない。わたしの存在の、もっとも奥深くに根を下ろす冷徹な怒りから逃れて家に帰るより、快楽に溺《おぼ》れた生活から逃れて家に帰ることのほうが、ずっとやさしいと思われる。わたしの内にある恨みは、容易に見分けがついたり、理性的に対処できたりするしろものではなく、はるかに致命的なものだ。それは、わたしの美徳とされるものの底に癒着している。

従順で、真面目で、法を忠実に守り、懸命に働き、自己犠牲をいとわないのは、善いことではないだろうか？　そうであるにしても、こうした称賛に値する態度と、わたしの抱く恨みと不満は、不可解な結びつきを持っているらしい。この連結によって、わたしは絶望させられることが多い。わたしは、自分が持っているもっとも寛容な心から話そう、あるいは行動しようと思う瞬間、怒りと恨みに捕らわれてしまう。まるで、もっとも無私でありたいという願いに、人から愛されたいという思いが取りついているかのようだ。

わたしが最善を尽くして課題を成し遂げようとするとき、なぜ他の人々はわたしのように自らを与えないのかと疑念を抱く。自分はこの誘惑を克服できると考えるその瞬間、誘惑に身をまかせた人々を思ってねたむ。それはまるで、わたしの美徳が存在するところに必ず、恨みに燃えて不満を漏らすもう一人のわたしがいるかのようだ。

ここで、わたしは自分の真の貧しさに直面させられる。わたしには、自分の中の恨みつらみを根絶やしにする力がまったくない。それを抜き取ろうとすれば、自分が破壊されてしまうかもしれない。それほどまで、わたしの内的自己の土壌に、あまりにも深く食い込んでいる。どうすれば恨みの念を、自分の美徳を根こそぎにせずに除去することができるだろうか？

わたしの内なる兄息子は、家に帰ることができるだろうか？　弟息子が見出されたように、わたしも回復できるだろうか？　不平不満で自分を見失い、嫉妬《しっと》にかられ、服従と義務に生きることに奴隷のように捕らわれているとき、どうしたら立ち返ることができるだろう？

自分一人の力で、自分を見つけられないことは明らかだ。弟息子として癒されるより、兄息子として癒されることのほうがわたしを怖じけさせる。ここにいたって、自分で自分を贖《あがな》うことが不可能であることを突きつけられたことで、いまこそわたしは、イエスがニコデモに言われた次の言葉の意味を理解する。「『あなたがたは新たに（上から）生まれねばならない』とあなたに言ったことに、驚いてはならない」（ヨハネ3・7）。

確かに、自分自身で起こし得ないことが、起こらねばならない。わたしは下から新たに生まれることはできない。つまり、自分の持てる強さで、自分の思いで、自分の心理学的洞察でそれを実現することはできない。わたしはこのことに、一つの疑いも差し挟まない。というのは、わたしは過去、自分の抱いた不満を自分で癒そうとひたすら努力しては失敗し、……また失敗し、……そして失敗してきた。ついには、まったくの感情的な破綻ぎりぎりのところまで来て、体の激しい消耗を招いた。

わたしは上からのものでしか癒されない。神が手を差し伸べてくださらなければ、それは起きない。わたしにとって不可能なことも、神には可能だ。「神は何でもできるからだ」（マルコ10・27）

## 6　兄息子の帰郷

兄は怒って、家に入ろうとはせず、父親が出てきてなだめた（中に入るようにとしきりにうながした）。

……父親は言った。「子よ、お前はいつもわたしと一緒にいる。わたしのものは全部お前のものだ。だが、お前のあの弟は死んでいたのに生き返った。いなくなっていたのに見つかったのだ。祝宴を開いて楽しみ喜ぶのは、当たり前ではないか」

### 回心の可能性

父は、弟息子が戻ることだけでなく、兄息子も同じように戻ることを望んでいる。兄息子もまた見つけ出され、喜びの家に連れ戻される必要がある。彼は、父の懇願に応えるだろうか、それとも、苦い思いに捕らわれたままだろうか？　レンブラントもまた、兄息子の最終的な決定に対する問いに答えていない。バーバラ・ヘガーはこう書いている。「レンブラントは、兄息子が光を見たかどうかを示していない。彼は、絵の中で明確に兄を断罪していないことから、兄は自分が罪人であることに気づくかもしれないという希望を抱かせる。……兄息子の反応の解釈は、見る者にまかせられているのだ[14]」

結末が明らかでないこの物語の終わり方とレンブラントの描写は、取り組むべきたくさんの霊的課題をわたしに差し出す。光に照らされた兄息子の顔、そして暗く描かれたその両手を見るにつれ、彼の捕らわれた状態だけでなく、解放への可能性も感じる。この物語は二人の兄弟を、良い息子と悪い息子に分ける話ではない。良いのは父だけだ。父親は、二人の息子を愛している。彼は二人の息子に会うために駆け寄った。自分が用意したテーブルに二人がついて、父の喜びに加わるようにと願っている。

弟息子は、父親の赦しの抱擁に身を投げ出した。兄息子は背後に立ち、父の憐れみ深い姿に見入ったまま、怒りから一歩も踏み出せず、父に癒してもらうことができないでいる。

父の愛は、その愛を押しつけることをしない。彼は、わたしたちの心の闇のすべてを癒したいと願っているが、闇に留まったままでいるか、神の愛の光の中に踏み入るかは、わたしたちの自由にまかされている。神は、そこにおられる。神の光は、そこにある。神の赦しは、そこにある。神の限りない愛は、そこにある。何よりも明らかなことは、神はいつでもそこにおられ、いつでも与え、赦してくださる用意があり、わたしたちがどう応じるかにまったく依存しない、ということだ。神の愛は、わたしたちの悔い改めや心の変化、あるいは外面的変化に頼ってはいない。わたしが弟息子であろうと兄息子であろうと、神が唯一切望していることは、わたしを家に連れ戻すことだ。アーサー・フリーマンはこう書いている。

父は息子をそれぞれ愛し、二人に、できるだけの自由を与えた。しかし、彼らが受け取ろうとしない自由、また、充分に理解していない自由は与えることができない。父は、自分とのつき合い方の慣習を超えて、息子たちが彼ら自身であるために必要なことを分かっているようだ。しかも父は、息子たちが父の愛と「家」を必要としていることも知っている。息子たちの物語がどう完結するかは、息子たちしだいだ。このたとえ話が完結していないという事実は、父の愛は、望ましい結末というものに頼っていないことを明らかにしている。父の愛はひたすら父自身にかかっているのであって、あくまでも彼の人格の一部だ。シェイクスピアが、あるソネットの中で言っているように、「相手が心変わりすれば変わるような愛は、愛ではない」のだ。(15)

わたしにとって、兄息子に回心の可能性があることは、個人的に極めて重要だ。イエスがもっとも批判した種類の人々、すなわちファリサイ人と律法学者たちは、わたしの内にたくさんいる。わたしは書物を研究し、法律について学び、宗教の分野の権威であるかのように振る舞うことが多かった。人々はわたしを大いに尊敬してくれ、「師」とさえも呼んだ。わたしはこれまで他人からの敬意や賛辞、お金や数々の賞、そしてたくさんの喝采に浴してきた。そして、人々のさまざまな態度や行動を批判し、他人を裁くことも多かった。

それゆえ、「罪人を迎え、彼らと共に食事をした」と非難し、イエスに放蕩息子の話を語らせることになった人々にわたしはいちばん近いと自覚して聴かねばならない。こんなわたしでも、父のもとに立ち返り、家での歓迎を身にしみて感じるチャンスがあるだろうか？　それともわたしは、「自分は正しい」という不服申し立てに拘泥したまま、自分の願いに反しながらも家の外に留まって、怒りと恨みでのたうち回る運命に甘んじるのだろうか？

イエスは言われる。「貧しい人々は、幸いである……飢えている人々は、幸いである。……泣いている人々は、幸いである」（ルカ6・20〜21）と。しかしわたしは、貧しくも、飢えても、泣いてもいない。イエスは祈られる。「天地の主である父よ、あなたを誉めたたえます。これらの［神の国の］ことを知恵ある者や賢い者には隠し」（ルカ10・21）と。わたしは明らかに、ここで述べられている知恵ある者や賢い者に属している。イエスは明らかに、社会の底辺にいる人々――貧しい者、病人、罪人――を好まれた。しかし、わたしはだれが見ても底辺に属する者ではない。

福音書はさらに、わたしに鋭い問いを突きつける。すなわち、「わたしはすでに、報いを受けてしまったのではないか」という問いだ。「人に見てもらおうと、会堂や大通りの角に立って祈りたがる」（マタイ6・5）人々に対し、イエスは非常に辛辣《しんらつ》だ。彼らについて、こう言われる。

「はっきり言っておく、彼らはすでに報いを受けている」（マタイ6・5）と。そうであれば、わたしは祈りについて書いたり、話したり、メディアに取り上げられるのを楽しんだことがたくさんあるので、こうした言葉は、わたしのことを言っているのではないかと思わずにいられない。

実際、そのとおりだ。しかし兄息子のこの物語は、これらの悩ましいすべての問いに新しい光を当て、神は兄息子より弟息子を愛しているわけでないことを明白にしてくれる。物語の中で、父は弟にしたのとまったく同じように、兄を迎えに出て行き、中に入るようにとしきりにうながし、そして言われる。「息子よ、お前はいつもわたしと一緒にいる。わたしのものは全部お前のものだ」

これらの言葉にわたしは注意を向け、わたし自身の中心にしみ込ませなければならない。神はわたしを「息子よ」と呼ばれる。J・A・フィツマイヤーが言っているように、息子という意味でルカが使用しているギリシャ語は「テクノン（teknon）」で、「情愛のこもった呼びかけ[16]」だ。父が用いた言葉を文字通り訳すと、「子」である。

この情愛のこもった接近は、次に続く父の言葉でさらに明らかになる。無情で苦々しい兄息子の非難を裁く言葉はそこになかった。そこには、何の追及も咎《とが》め立てもなかった。父は息子のとった行動に、父の立場を主張することも、意見さえも述べなかった。父は一切の評価を超え、息子との親密な関係を強調する話題にすぐに移り、こう言う。「お前はいつもわたしと一緒にいる」

父からのこの無条件の愛の表明は、兄よりも弟を愛しているという可能性をすべて払拭する。兄息子は一度も家を出たことがなかった。父はすべてを彼と共に分け合った。父は彼を日々の生活の一部とし、何一つ不足のないようにした。「わたしのものは全部お前のものだ」と父は言う。兄息子に対する限りない愛を表わすのに、これ以上明確な宣言があるだろうか。こうして、惜しみなく、限りない父の愛は、ことごとく二人の息子に平等に注がれている。

## ライバル意識を手放す

弟息子の劇的な帰郷によって訪れた喜びは、兄が弟より愛されず、弟より真価を認められず、弟より好かれていないという意味ではない。父は二人の息子を比較しない。彼は二人とも完全な愛で愛し、それぞれのたどった旅路に合わせて、その愛を表わす。

父は、二人とも親しく知っている。彼は、二人の極めて独自な賜物と短所を理解している。父は、弟の情熱を愛をもって見ている。たとえ彼に背くことがあったとしても。その同じ愛によって、父は兄の従順を見る。たとえそれが情熱的でないとしても。弟を見て、他の人より良いか悪いか、より多いか少ないかという考えは父にない。それは、兄を物差しで測らないのとまったく同じだ。父は、それぞれの独自性に合わせて両者に応じている。弟を迎えた父は、喜ばしい祝宴を催した。兄を迎えた父は、弟が帰宅した喜びに全面的に加わって欲しいと兄を招待した。

「わたしの父の家には住むところがたくさんある」（ヨハネ14・2）とイエスは言われた。神の子とされた人々はそこに、一人ひとり特別な場所が与えられており、それらはすべて神の場所だ。わたしのすべきことは、比較、ライバル意識、競争心を全部手放し、父の愛にゆだねることだ。これには、信仰の飛躍が求められる。なぜなら、わたしは比較せずに愛した経験がほとんどなく、そのような愛の癒しの力を知らない。わたしは闇に閉ざされた外に留まるかぎり、比較する心のもたらす結果として、恨みがましい不満を抱いたままでいるしかない。光のない外では、弟はわたしより愛されているように見える。事実、光のない外では、わたしは彼を自分の兄弟と見なすことさえできない。

神は、わたしが家に帰るように、神の光の中に入るように、そして、そこですべての人が特別に、完全に愛されていることに気づくようにと、しきりにうながしてくださる。神の光の中でこそ、やっとのことわたしは隣人を兄弟と見なすことができる。彼らも、わたしとまったく同じように神に属している。しかし神の家の外では、兄弟と姉妹、夫と妻、恋人と友人はそれぞれ、嫉《しっ》妬《と》、疑い、恨みでしつこく悩まされ、ライバルとなり、敵にさえなる。

兄が怒りにかられ、父に次のような不満を述べたのも驚くことではない。「わたしが友だちと宴会をするために、子山羊一匹すらくれなかったではありませんか。ところが、あなたのあの息子が、娼婦どもと一緒にあなたの身上を食いつぶして帰って来ると、肥えた子牛を屠《ほふ》っておやりになる」。これらの言葉は、彼がそう感じるほかないほど、いかに深く傷ついたかを示している。兄の自尊心は、父の喜びによってひどく傷つけられ、湧き起こった怒りは、帰って来たならず者を、自分の兄弟として受け入れることを妨げた。「あなたのあの息子」という言葉で、兄は弟だけでなく、父に対しても距離を置いた。

兄は弟の放蕩生活の事実が頭から離れず、目の前の二人を、現実的判断力をすべて失い、常軌を逸した関係に陥った赤の他人のように見ている。兄にとって、すでに弟はいない。父さえもいない。二人とも彼にはよそ者になってしまった。罪人である弟を軽蔑して見下し、奴隷の所有者である父を、恐れによって眺めている。

わたしはここに、兄息子がいかに失われてしまったかを見る。彼は自分の家にいながら、外国人のようになってしまった。真の親しい交わり《コミュニオン》がなくなった。あらゆる関係が闇に閉ざされた。恐れか、軽蔑か、苦しみながら服従するか、あるいは支配を押しつけるか、抑圧者となるか、あるいは犠牲者となるか――これらが、光の外にいる者にとっての選択となった。そこでは、罪の告白もなく、赦しの受け入れもなく、愛による相互関係もあり得ない。真の親しい交わり《コミュニオン》は不可能となった。

わたしは、このような苦境に陥ったときの痛みを知っている。そこでは、すべてがぎこちなくなる。すべてが疑わしくなり、自意識過剰になり、計算高くなり、とやかく難癖をつけたくなる。そこには少しの信頼感もない。あらゆる小さな動きにいちいち反発したくなる。ちょっとした意見も勘ぐったり、ほんの少しのしぐさも裏を読まなければと思う。これが、闇の病理だ。

そこから抜け出す道はあるだろうか？　わたしはあると思わない。――少なくとも自分の側からは。自分の努力で闇から脱出しようとすればするほど、闇はさらに深くなるように思える。わたしには光が必要だ。わたしの闇を征服する光が。それに、わたし自身では、それをもたらすことはできない。わたしは自分を赦すことができない。自分で自分に、わたしが愛されていることを感じさせることはできない。独力では、怒りの巣窟から抜け出すことはできない。自分を家に帰らせることも、親しい交わり《コミュニオン》を作り出すことも、自分ではなし得ない。

わたしはそれを強く願い、希望し、待ち望み、もちろんそのために祈ることはできる。しかしわたしの真の自由は、自分で作り上げることはできない。それは、与えられねばならない。わたしは失われた者だ。わたしは、わたしのところまで来てくれる羊飼いによって見出され、家に連れ戻してもらわねばならない。

放蕩息子の物語は、わたしを捜しに出かけ、わたしを見つけ出すまで休むことのない神の物語である。神はしきりにわたしをうながし、わたしに嘆願しておられる。死の力にしがみつくのを止め、わたしがもっとも渇望している命を見出せる場に導く腕で、わたしを抱かせて欲しいと請い願っておられる。


最近、わたしは自分の肉体を通して、極めて具体的に「兄息子の帰郷」を体験した出来事があった。ヒッチハイクをしていたとき、車に跳ねられ、瀕死の状態で病院に運び込まれた。そこで突然、父はわたしを充分に愛してくれなかったという不満が自分にあることに気づき、「このまま死ぬわけにはいかない」という思いがひらめいた。わたしはまだ、完全には大人になり切っていないことが分かった。青年期の不平不満を葬り去り、「弟より愛されていないという嘘と手を切れ」という招きを深く感じた。それは恐ろしくもあり、大きな解放でもあった。

すっかり年老いたわたしの父が、オランダから面会に飛んで来たとき、このときこそ、神が与えてくださった息子のあり方を受け止めるときだと知った。わたしは生涯で初めて、自分が父を愛しており、自分に対する父の愛にとても感謝しているとはっきり述べた。それまで話したことのない多くのことを話したが、それらを口にするのに、何と多くの年月を要したかに自分で驚いた。父もいくらか驚き、当惑さえしたが、わたしの言葉を理解と微笑《ほほえ》みをもって受け入れてくれた。

この霊的な出来事を振り返ると、それは真の帰郷であったと思える。すなわち、わたしのすべての必要に応えられない人間の父に間違って信頼することから、「お前はいつもわたしと一緒にいる。わたしのものは全部お前のものだ」と言われる天の父への真の信頼に立ち返ることである。それは、不満を抱き、他人と比較し、憤る自分というものから、自由に愛を与え、受ける、真の自分へと帰郷することでもある。これまでもそうだが、またこれからも、あと戻りしてしまうことが多々あるだろう。しかしそれは、自分自身の人生を生き、自分自身の死を死ぬ自由の始まりを、わたしにもたらしてくれた。

「およそ父と名づけられるすべての父性の源である天の父」（エフェソ３・14〜15参照）へ立ち返るということは、わたしの父親は、善良な、愛すべき存在であるが、限界のある人間に過ぎない、とすることである。さらに、すべての恨みと怒りを溶かし去り、人を喜ばせたい、認めて欲しいということなしに自由に人を愛する者にわたしを変えてくださる神、限りない、無条件の愛の方、すなわち天の父を神とすることである。

## 信頼と感謝を通して

わたしの中にいる兄息子の帰郷とも言えるこの個人的な体験は、人を喜ばせないといけないという考え方から生じる苦い実である恨みにとらえられた人々に、いくらかの希望を差し出すかもしれない。わたしたちのだれもがいつの日か、自分の内なる兄息子、あるいは姉娘と取り組まねばならないのではないか。

わたしたちの問うべきことは単純だ。帰ることを可能とするために何ができるかということである。神ご自身がわたしたちを見つけるために駆け寄り、家に連れ戻してくださるが、わたしたちのすべきことは、失われていることを認めるだけでなく、見つけ出され、連れ戻されるために備えることだ。

では、どのように？　ただ待っているだけ、受け身でいるだけでないことは明らかだ。凍りついた怒りから自分を解放することは自分にはできないが、信頼し、感謝するという具体的な日々の実践によって神に見出され、その愛によって癒していただくことはできる。信頼し、感謝することは、兄息子が回心するための修練だ。わたしはそのことを、自分自身の体験から知るにいたった。

信頼なくして、見出してもらうことはできない。信頼とは、わたしが父の家にいることを父が望んでいるという、深い内的確信である。見つけてもらうほどの価値が自分にあるだろうかと疑うかぎり、そして弟や妹ほど愛されていないと自分を卑下しているかぎりは、見出してもらえない。わたしは絶えず、自分にこう言い聞かせねばならない。「神はわたしを捜し求めている。わたしを見つけるためなら、神はどこにでも行かれる。神はわたしを愛し、家にいて欲しいと願っており、わたしと一緒になるまで休むことをなさらない」と。

わたしの内にある非常にしつこい闇の声が、これと正反対のことを言う。「神は、本当はわたしのことなど興味がない。神は、乱暴な悪さをしたあと家に帰ってくる回心した罪人のほうがお気に入りだ。一度も家出してないわたしなど、気にかけてくれない。わたしのことはどうでもいいのだ。わたしは気に入らない息子だ。わたしの本当に欲しいものをくれるとは思えない」と。

ときどき、この闇の声があまりに強くなるため、弟と同じようにわたしも家にいて欲しいと父が願っていることを信じるのに、膨大な霊的エネルギーを必要とする。そのため、長い間に積もりつもった不満を乗り越え、自分は捜し求められている存在であり、必ず見つけてもらえるという確信をもって、考え、話し、行動するという、真の修練が求められる。そうした修練なくして、わたしは果てしない絶望の餌食となってしまう。

見つけ出してもらうほどの者ではないと自分に言い聞かせて、わたしを呼んでいる声がまったく聞こえなくなるほど不満を増幅させてしまうこともある。しかしいつかは、自分自身を拒否するその声とすっかり手を切り、わがままなわたしの弟や妹と同じく、神は本当にわたしを抱きしめたいのだという真理を受け止めねばならない。

その実現のためには、失われているという感覚より、この真理への信頼が深いものでなければならない。イエスはその徹底的な信頼を、「祈り求めるものはすべてすでに得られたと信じなさい。そうすれば、そのとおりになる」（マルコ11・24）と言い表わされている。この徹底的な信頼に生きることが、わたしのもっとも奥深くにある渇望を満たしてくださる神への道を開くのだ。

信頼だけでなく、そこには感謝がなければならない。――それは、恨みがましさと正反対のものだ。恨みと感謝は共存することができない。なぜなら恨みは、人生を賜物として感じ取り、体験することをはばむからだ。わたしの中の恨みがましさは、受けて当然のものを受け取っていないと語る。それはつねに、嫉妬《しっと》となって現われる。

いずれにせよ感謝は、「わたしのもの」、「あなたのもの」ということを超えて、人生はことごとく純粋な賜物であるという真理を受け止めることである。以前のわたしは、感謝の念とは、いただきものをしたと気づいたとき、自然と生じる応答のように考えていたが、いまは、感謝もまた修練として実践できるものだと気づいた。感謝するという修練は、わたしのすべては、また、わたしの持っているすべては愛の賜物であり、喜んで祝われる賜物として与えられたことを認める努力にほかならない。

修練としての感謝には、意識的な選択が不可欠だ。感情と思いがいまだに傷つき、恨みつらみに捕らわれていても、感謝を選ぶことはできる。不満に代えて感謝を選ぶことのできる機会は驚くほどたくさんある。批判されて、心に苦々しい思いが生まれたときでさえ、感謝の思いを選び取ることができる。わたしの心の目が人を非難しようとし、あら探しをしているときでさえ、その人の善さや美しさについて話すという選択ができる。仕返しの言葉が聞こえ、憎しみでゆがんだ顔が見えるさなかでも、赦しの声に聴き入り、微笑《ほほえ》む顔に見入るという選択ができる。

恨みと感謝の間には、つねに選択がある。なぜなら神は、わたしの闇の中に姿を表わし、家に帰るようにとしきりにうながし、情愛にあふれる声で、「お前はいつもわたしと一緒にいる。わたしのものは全部お前のものだ」と明言なさるからだ。実際わたしは、いま自分がいる闇の中に居座って、自分よりましだと思える人たちを指差し、過去に自分を襲《おそ》ったたくさんの不運を嘆いて、恨みつらみの中に閉じこもるという選択ができる。しかし、そうする必要は何もない。そこでも、わたしを捜すために来られた方の目を見つめ、そのまなざしの内に、わたしの存在と所有しているものすべてを、感謝へと招く純粋な賜物として見るという、もう一つの選択がある。

感謝を選び取ることは、何らかの本気の努力なしには実現しない。しかし、それを行なうごとに、次に行なうときの選択は少しやさしく、少し自由に、少し自意識過剰が減るようになる。なぜなら、感謝する一つひとつの賜物は、わたしを次から次へと他の賜物にも気づかせ、ついには、もっともふつうで、どこにでもあり、ありふれた出来事や出会いとも思えるものも、恵みで満たされていることを明らかにするからだ。エストニアのことわざに次のようなものがある。「小さなことに感謝しない者は、大きなことにも感謝しない」。感謝するという行為は、人を感謝にあふれる者へと変える。その行為の一歩一歩が、すべては恵みであることを示してくれる。

信頼と感謝のどちらも、リスクを冒す勇気が求められる。なぜなら不信と恨みはその命脈を保とうとして、計算高さや疑い深い推測を手放すことがどれほど危険か、警告し続けるからだ。人生の多くの通過点で、信頼と感謝に道をゆずるために、信仰による飛躍が求められる。すなわち、わたしを赦そうとしない人に思いやりのある手紙を書いたり、わたしを拒否した人に電話をかけたり、関係回復の言葉をかけてくれない人に、こちらから言葉をかけたりすることだ。

信仰による飛躍が意味することはつねに、愛されることを期待せずに愛すること、得ることを願わずに与えること、招かれることを望まずに招くこと、支えられることを求めずに支えることである。わたしは小さな飛躍をするごとに、わたしに向かって駆け寄り、ご自分の喜びの中にわたしを招いておられる方の姿をかいま見ることができる。その喜びの中には、わたしだけでなく、わたしの兄弟や姉妹の姿も見える。

このように、信頼し、感謝するという修練は、わたしを捜し求め、わたしのすべての恨みや不満を取り除き、天の祝宴でわたしをご自分のそばに座らせたいと、身を焦がす思いでおられる神を示してくれる。

## 真の兄息子

いまや兄息子の帰郷はわたしにとり、弟息子の帰郷以上とは言い切れないが、同じくらい重要なものになっている。兄息子が、自分の抱えた不満から自由にされ、怒り、恨み、嫉妬《しっと》から解き放たれたら、どのような姿を呈するだろうか。たとえ話は、そのことについて何も語っていない。そのためわたしたちは、父に聴き従うべきか、自己拒否に捕らわれたままでいるかという選択の前に立たされる。

しかし、わたしがその選択について思い巡らしながら、イエスが語り、レンブラントが描いたこの物語全体はわたしの回心のためだと気づいたとき、この話を語られたイエスご自身こそが、弟息子であるだけでなく兄息子でもあることが、わたしにはっきりと見えてきた。イエスは、御父の愛を明らかにし、恨みつらみという束縛から解放するために来てくださった。イエスがご自分について語ることはすべて、ご自身が愛されている子、すなわち、父との完全な交わり《コミュニオン》の中で生きる息子であることを示している。その両者の間に、どんな隔たりも、恐れも、疑いもない。

たとえ話の中の父の言葉、「子よ、お前はいつもわたしと一緒にいる、わたしのものは全部お前のものだ」は、父である神と、子であるイエスとの真の関係を表わしている。イエスは一貫して、父に属するすべての栄光が、子にも属していることに同意なさっている。「父がなさることは何でも、子もそのとおりにする」（ヨハネ5・19）。「わたしと父とは一つである」（ヨハネ10・30）とあるように、そこにはいかなる分裂もない。「御父は御子を愛して、その手にすべてをゆだねられた」（ヨハネ3・35）とあるように、その御業《みわざ》にはいかなる分断もない。「父から聞いたことをすべてあなたがたに知らせたからである」（ヨハネ15・15）とあるように、いかなる競争もない。「子は、父のなさることを見なければ、自分からは何事もできない」（ヨハネ5・19）とあるように、いかなるねたみもない。

父と子の間には、完全な一致がある。この一致は、次のイエスのメッセージの中心にある。「わたしが父の内におり、父がわたしの内におられると、わたしが言うのを信じなさい」（ヨハネ

14・11)。イエスを信じるとは、イエスは御父から遣わされた方であり、その存在の内に、その存在を通して、御父の愛があますところなく示されていることを信じることである(ヨハネ5・24、6・40、16・27、17・8)。

このことは、イエスご自身が語った「悪い小作人の話」の中でドラマチックに表わされている。畑の所有者は収穫の分け前を受け取るために、何人かの僕《しもべ》をぶどう園に遣わしたが、無駄に終わった。そこで、「愛する息子」を遣わすことに決めた。小作人たちは彼が跡継ぎであることを知り、相続財産を手に入れようとして彼を殺した。この物語は、父に従い、奴隷としてではなく、愛されている者として、父との完全な一致のうちに父の意思を成し遂げたまことの息子を描いている。

このようにイエスは、御父の兄息子である。父がイエスを遣わされたのは、恨みに捕らわれたすべての子どもたちに、神の辛抱《しんぼう》強い愛を示し、家に帰るための道としてご自身を差し出すためである。イエスは、不可能を可能とする道――闇に打ち勝つ光をもたらす神の備えられた道である。恨みと不満は、それがいかに深刻であろうと、光を満面に輝かせた神の息子、イエスの顔に接して、消え去る。

レンブラントの描いた兄息子にふたたび目を向けると、その顔を照らす冷たい光は、深みのある、温かいものへと転じつつ――すっかり彼を変容させながら――彼を本来の姿に変え得る光であることに気づく。すなわち、「神の愛する子、神の心に適う者」へと。

# 第三部 ■ 父

ところがまだ遠く離れていたのに、父親は息子を見つけて、憐れに思い、走り寄って首を抱き、接吻した。……父親は僕《しもべ》たちに言った。「急いでいちばん良い服を持って来て、この子に着せ、手に指輪をはめてやり、足に履物を履かせなさい。それから、肥えた子牛を連れて来て屠《ほふ》りなさい。食べて祝おう。この息子は、死んでいたのに生き返り、いなくなっていたのに見つかったからだ」。そして祝宴を始めた。

……父親が出て来てなだめた(中に入るようにとしきりにうながした)。……父親は言った。「子よ、お前はいつもわたしと一緒にいる。わたしのものは全部お前のものだ。だが、お前のあの弟は死んでいたのに生き返った。いなくなっていたのに見つかったのだ。祝宴を開いて楽しみ喜ぶのは、当たり前ではないか」

# 7　レンブラントと父

エルミタージュにある絵画の正面に座り、自分が目にしているものを吸収しようとしている間、多くの観光客のグループが通り過ぎていった。彼らは絵の前に一分も立ち止まらなかったが、ガイドのほとんどがその絵を、慈しみ深い父を描いたものだと解説し、レンブラントの遺作の一つであり、苦難の生活を経て到達した作品であることに触れていた。じつにそれこそが、この絵についてのすべてだ。つまり、神の慈しみを、人間が表現したものだ。

この絵が、『放蕩息子の帰郷』と名づけられなかったら、『憐れみ深い父の歓迎』と名づけられた可能性が大きい。強調されているのは、息子よりも父のほうである。本当のところ、このたとえ話は、「父の愛のたとえ話[17]」なのだ。わたしは、レンブラントが父をどう描いているかに見入りながら、やさしさ、慈しみ、赦しというものに対するまったく新しい理解に導かれた。桁外《けた》れに情け深い神の愛が、これほどまで心を打つ仕方で表現されたことはまれである。父の姿のあらゆる細部――顔の表情、ポーズ、服の色、そして何よりも、差し出された両手の静かな様子――は、人間に対する神からの愛、すなわち、初めからあり、これからも変わらずに存在し続ける愛を雄弁に語っている。

ここには、すべてが一堂に会している。すなわち、レンブラントの生涯、人類の物語、そして神の物語が。限りある時間と永遠とが交差している。すなわち、近づきつつある死と永遠の命が互いに触れ合っている。罪と赦しが抱きあっている。すなわち、人間的なものと神聖なものとが一つとなっている。

レンブラントの描く父親像に、抵抗しがたいほどの魅力を与えているのは、もっとも聖なるものを、もっとも人間的なものによってとらえていることだ。そこには、口髭《ひげ》とあご髭を生やした半盲の老人が、金の刺繍《ししゅう》入りの上着と深みのある赤い色のマントを身にまとい、そのこわばった大きな二つの手を帰って来た息子の肩に置いている姿が見える。これは非常に明確で、具体的で、描写的だ。

にもかかわらず、わたしはそこに、宇宙の創造主である御父から発している限りない憐れみ、無償の愛、永遠の赦し――神聖なリアリティ――を見る。そこには、人間的なものと神聖なもの、もろさと力強さ、老いと永遠の若さが、あますところなく描かれている。これこそ、レンブラントという天才のなせる業《わざ》だ。霊的真理が、完全なかたちで肉体をまとっている。ポール・ボーディケが書いているように、「レンブラントの中の霊的なものが……もっとも力強く、もっとも見事に強調され、肉体から引き出されている」[18]

レンブラントが神の愛を伝達するために、盲目に近い老人を選んだことには特別な意義がある。確かにイエスの述べたたとえ話と、数世紀にわたって解釈されてきた手法は、慈しみ深い神の愛を描写するための資料を提供してくれる。しかし、その独自な表現を可能にしたのは、レンブラント自身の物語であることを忘れてはならない。

ボーディケはこう言っている。「若いときから、レンブラントはただ一つの使命を持っていた。それは、年を取るということだ[19]」。レンブラントが、年老いた人たちにいつも深い関心を示していたのは本当だ。彼は若いころから老人の素描、エッチング、油絵を描き、しだいに彼らの内面性の美しさに惹きつけられていった。レンブラントの描いた肖像画で、もっとも圧倒されるもののいくつかは老人を描いたものであり、数ある自画像の中でも、もっとも強く人を魅了するものは晩年に描かれたものだ。

家庭や仕事での数々の試練を経て、彼はとくに盲人に魅了されていく。作品中の光が内面的な深みを増すにつれ、真に見る人として盲人を描くようになる。彼はトビト（訳注：続編トビト記）と盲目に近いシメオンに惹きつけられ、数回彼らを描いた。

レンブラントが老い、人生の黄昏《たそがれ》にさしかかり、名声も衰えて生活の外面的な華やかさが減ってくると、内面生活の底知れない美しさにより深く触れるようになる。そこに、決して絶えることのない内なる火の光、すなわち愛の火から放たれる光を見出す。彼の芸術はもはや、「目に見えるものを把握したり、征服したり、手なずけたりする」ものではなく、「それらを、芸術家としての独自な心から生まれる愛の火へと変容[20]」しようとする。

レンブラントの独自な心が、父としての独自な心となる。苦しみ抜いた多くの歳月を通して、芸術家の心の内の、光を放つ愛の火はますます大きくなり、立ち返った息子を歓迎する父の心の内で燃え立っている。

いまわたしは、なぜレンブラントがたとえ話の原文にそって描かなかったのか理解できる。聖ルカは、福音書にこう書いている。「ところが、まだ遠く離れていたのに、父親は息子を見つけて、憐れに思い、走り寄って首を抱き、接吻した」。若かったころのレンブラントは、エッチングや素描に、この場面のドラマチックな動きのすべてを描き込んだ。しかし、死を間近にした彼は、肉眼によらない内なる心の目によって息子を確認するという、とても静かな父親像を選ぶ。

帰って来た息子の背中に触れている二つの手は、父の心の目の代わりを務めているかのようだ。盲目に近い父は、遠くを見、そして広く見ている。そのまなざしは、永遠のまなざし、人類すべてに注がれるまなざしである。それは、あらゆる時代と場所での男性と女性の失われた状態を理解し、家出を選んだ人々の受けている苦しみを、計り知れない憐れみをもって知り、人々が苦痛と苦悩に捕らわれているのを見て、とめどなく涙を流しているまなざしである。その父の心は、子どもたちを家に連れ戻したいという願いで燃え立っている。

あぁ、父は、どれほど子どもたちと語り、彼らが直面する多くの危険について警告し、他の場所に捜し求めているすべては、家で見つけられることを納得させたかったことか。どれほど父としての権威をもって引き戻し、彼らが傷つかないよう、自分の近くに置いておきたかったことか。しかし、そのどれをするにも、父の愛はあまりに大き過ぎた。父の愛は、強制したり、無理強いしたり、追い出したり、引き戻したりすることができない。それは、たとえ父の愛であろうと、その お返しに愛することであろうと、拒否できる自由を差し出す。それこそまさに、神聖な苦しみの源としての神聖な愛が持つ広さである。神、すなわち天と地を創造なさった方が、まず先に、何にもまして、父であることを選ばれたのだ。

父として、自分の子たちが自由であり、自由に愛することを神は願っておられる。その自由は、子が家を出ること、「遠い国」に行くこと、すべてを失うかもしれないことを含むものだ。父の心は、それらの選択によって、すべての苦しみが生まれることを知っているが、愛するがゆえに、それを阻止しようとする力を失う。父として、彼らが家に留まり、父の存在を楽しみ、その情愛を味わうようにと切望している。しかし、またしても、受け取るかどうかを自由にまかせる愛を差し出すことだけを願っておられる。子たちの心は遠く離れているのに（マタイ15・8、イザヤ29・13参照）、口先だけで父をたたえるとき、言葉で言い表わせないほどの苦しみを父は味わわれる。もちろん父は子たちの「舌をもって欺」く、「忠実ではない」（詩編78・36〜37参照）心を知っておられる。しかし彼は、真の父性を失うまでして、子たちに自分を愛させることはできないのだ。

父として、自分のために主張するただ一つの権威は、憐れみという権威である。その権威は、自分の子たちの犯す罪によって心が刺し通されることからくる。失われた子たちが示す肉欲、貪欲、怒り、恨み、嫉妬《しっと》、復讐心は、いずれも父の心に、計り知れない苦しみを引き起こさないではおかない。父の心はあまりに純粋であるため、苦しみはあまりに深い。神は、内側の深いところから、すなわち、すべての人間の嘆きを愛によって抱きしめているところから、自分の子たちに両手を差し伸べる。その触れる手は、内にある光を放ちながら、ひたすら癒しだけを願う。

ここには、わたしの信じたい神がいる。それは、創造の初めから、慈しみ深い祝福の腕を差し伸べつつ、決してそれをだれにも押しつけようとせず、つねに待ち続けている父である。その腕を絶望のあまり降ろすことなど決してせず、つねに愛の言葉を語りかけ、疲れた腕を肩の上に置いて憩わせることのできる子どもたちの帰宅を、ひたすら願っておられる父である。その願いはただ一つ、祝福を与えることだ。

「祝福する」をラテン語で言うとベネディチェレ（benedicere）で、文字通り「良いことを言う」という意味がある。父は、声によるよりも手触りで語りたいのだ。父は、彼らを罰することを望まない。子たちはすでに、自分のわがままな思いと行動によって、充分過ぎるほどの罰を受けている。父はただ、あのようにゆがめられた仕方で彼らがずっと捜し求めてきた愛は、いつもそこにあり、そこにあり続けることを知って欲しいのだ。父は、「あなたはわたしの愛する子、わたしの心に適う者」ということを、口ではなく両手で語りたいのだ。彼は、「群れを養い、御腕をもって集め、小羊をふところに抱」（イザヤ40・11）く羊飼いであるのだから。

レンブラントの絵の真の中心は、父の両手である。その上に、すべての光が集中している。その上に、傍観者たちの目が注がれている。その中で、慈しみが受肉している。そこにおいて、赦し、和解、癒しが出会っている。さらにそれを通して、疲れ果てた息子だけでなく、やつれ果てた父もまた休息を見出す。

シモーヌのオフィスのドアに貼ってあったポスターを初めて見た瞬間から、わたしはこの二つの手に引きつけられた。初め、それはなぜか完全には理解できなかった。しかし何年かたつうち、しだいにこの手が分かるようになった。それは、わたしが母の胎に宿ったときからわたしを支え、わたしの誕生を歓迎し、母の胸に寄り添わせ、わたしを養い、わたしを温めてくれた両手だ。それは、危険なときにわたしを守り、嘆きのときにわたしを慰めてくれた両手だ。それは、見送るときに振られ、帰って来るのをいつも歓迎してくれた両手だ。この二つの手は、神の手だ。それはまた、わたしの両親の、先生たちの、友人たちの、癒してくれた人たちの、そして、いかに守られてきたかを思い出させてくれる人々、神が遣わしてくれたすべての人々の両手である。

レンブラントは、父とその祝福する両手を描いて、ほどなく亡くなった。

レンブラントの手は、数え切れないほど人間の顔や手を描いてきた。この遺作の一つに、彼は神の顔とその両手を描いた。この等身大の神の肖像画のために、だれがポーズを取ったのだろうか？　レンブラント自身だろうか？

この放蕩息子の父こそ、彼の自画像である。しかし、伝統的な意味においてではない。レンブラントは自分が描いた絵の中に、数回自分の顔を登場させている。売春宿の放蕩息子、湖の上で恐れおののいている弟子の一人、十字架からイエスの死体を降ろしている男の一人に、自分の顔を描き込んでいる。

この絵に映し出されているのは、レンブラントの顔でないにしても、彼の魂、多くの死に遭遇して苦しんだ父親としての彼の魂だ。六三年の生涯で、最愛の妻サスキアのみか、三人の息子、二人の娘、そして生活を共にした二人の女性の死に立ち会ってきた。愛《いと》しい息子ティトスは、結婚してすぐに二六歳で亡くなった。そのときの嘆きを、レンブラントは一度も絵にしていない。しかし、放蕩息子の父親の姿に、そのことで、どれほど多くの涙を流したかが見て取れる。

そこに神のイメージとして創り上げられたものは、長い間の痛ましい苦闘を経た彼が、神の真の本質として発見したものだ。それは、盲目に近い老人が、さめざめと泣きながら、深く傷ついた息子を祝福している姿だ。レンブラントは息子だった。そして、父となった。その経験が彼に、永遠の命に加わる備えをさせることになったのだ。

# 8　父は家に歓迎してくださる

ところが、まだ遠く離れていたのに、父親は息子（弟）を見つけて、憐れに思い、走り寄って首を抱き、接吻した。

……父親が出てきて（兄を）なだめた（中に入るようにとしきりにうながした）。

## 父と母

わたしはよく友人に、『放蕩息子』の絵を見た第一印象を話してくれるように頼む。するとみな一様に、息子を赦す賢い老人、慈悲深い家長という見方をする。

この「家長」を見れば見るほどわたしにはっきりしてくることは、年老いた賢い一家の長というポーズ以外の、まったく違う何かをレンブラントが意図したということだ。そう思うのも、すべてはその両手に端を発している。右手と左手が、まったく異なっているのだ。息子の肩に触れている父の左手は、力強くたくましい。指を広げて、息子の肩と背中の一部を広く覆《おお》っている。その手は、とくに親指には、圧力が加わっているように見える。手は単に触れているだけでなく、力がこもっており、さらに支えてもいるようだ。息子に触れているその手は、やさしさがこめられているとはいえ、しっかりとつかまずにはおれない何かがある。

それに比べ、父の右の手は何と異なることか！　この手は、支えたり、つかんだりする手ではない。それは上品で、柔らかく、とてもやさしい。五本の指はやさしく閉じられ、優雅なたたずまいを見せ、息子の肩にそっと置かれている。それは愛撫し、撫で、慰め、楽にしてあげたいと願っている。それは、母の手だ。

何人かの評論家が指摘していることは、男性的な左手はレンブラント自身の手であり、一方、女性的な右手は、同時代に描かれた『ユダヤの花嫁』[21]に描いた花婿の右手のようだという。わたしも、その説に傾いている。

父親の手の左右の違いに気づくや、新しい意味合いを持った世界がわたしの前に開けてきた。父は、単に偉大な家長というのではない。彼は父であり、また母でもあるのだ。彼は、男性的な手と女性的な手で息子に触れている。父は支え、母はやさしく撫でる。父は受け止め、母は慰める。この父は、その内に男らしさと女らしさ、父親らしさと母親らしさをことごとく備えた神そのものだ。あのやさしく愛撫する右手は、預言者イザヤの言葉を心に呼び起こさせる。「女が自分の乳飲み子を忘れるであろうか。母親が自分の産んだ子を憐れまないであろうか。たとえ、女たちが忘れようとも、わたしがあなたを忘れることは決してない。見よ、わたしはあなたを、わたしの手のひらに刻みつける」（イザヤ49・15〜16）

友人のリチャード・ホワイトが指摘してくれたことだが、やさしく撫でる女性的な手は、息子の怪我《けが》をした剥《む》き出しの足に対応し、一方、力強く男性的な手は、サンダルを履いている足に対応している。そこで、こう考えるのは行き過ぎだろうか。すなわち、一つの手は、息子の傷つきやすい面を守り、もう一方の手は、息子の強い面を力づけ、自分の人生を歩むように願っていると。

さらに、そこには大きな赤いマントがある。その温かい色と扇のような形は、居心地の良い歓迎の場を差し出している。わたしは最初、身をかがめた父の体を覆《おお》ったマントは、疲れた旅人がしばしの休息を取れるようにと招くテントのように見えた。しかしその赤いマントを見つめ続けるにつれ、他のイメージ、テントよりもっと強いイメージが浮かんできた。それは、母鳥が雛《ひな》を守る翼だ。それは、神の母性愛について述べたイエスの次の言葉を思い起こさせる。「エルサレム、エルサレム、……めん鳥が雛《ひな》を羽の下に集めるように、わたしはお前の子らを何度集めようとしたことか。だが、お前たちは応じようとしなかった」（マタイ23・37）。

昼も夜も、神はわたしを安全に抱えてくださる。めん鳥が翼の下に雛《ひな》をかばうかのように。テントというよりも、絶えず用心を怠らない母鳥の翼というイメージのほうが、子どもたちのために神が提供している安全を雄弁に物語る。それはケア、保護、休息場所、安らぎの感覚を表わす。

テントのような、また翼のようなマントを絵で目にするたびに、わたしは神の愛の母性的な性

質を感じ取り、詩編作者が霊感を受けて書いた言葉を心で唱え始める。

いと高き神のもとに身を寄せて隠れ
全能の神の陰に宿る人よ
主に申し上げよ
「わたしの避けどころ、砦
わたしの神、依り頼む方」と。
……神は羽をもってあなたを覆《おお》い
翼の下にかばってくださる。（詩編91・1〜4）

このように、年老いたユダヤ人の家長という見方をもとに、息子を家に迎え入れようとする母性的な神もまた、そこに浮かび上がってくる。

そこで、息子のほうに身をかがめ、その肩に両手で触れている老人にふたたび目を移してみると、息子を「腕の中に抱き留める」父の姿だけでなく、自分の子をやさしく撫で、その体の温かさで息子を包み、彼が生まれ出た胎の真上で受け止めている母の姿が見えてくる。このようにして「放蕩息子の帰郷」は、神の胎への帰郷、存在の起源そのものへの帰郷となり、人は霊から生まれなければならないという、イエスがニコデモに述べた訓戒を呼び起こすものとなる。

いまのわたしは、この神の肖像画が示す極度の静けさも、よく理解できる。ここには何のセンチメンタリズムも、ロマンチシズムも、ハッピーエンドで終わる安直なお話もない。ここに見て取れるのは、母としての神が、彼女の姿に似せて創造した人間を、その胎にふたたび受け止めている姿だ。盲目に近い目、両手、マント、身をかがめた姿、それらすべては、聖なる母性愛を思い起こさせる。それは、悲しみ、願い、希望、どこまでも待ち続ける姿で特徴づけられる愛だ。

じつに神秘と言う以外ないが、限りない憐みの神は、ご自身とご自分の子らとを永遠に結びつけられた。彼女は被造物に、つまり自由を与えた人間に、ご自身をまかせることを選ばれた。この選択は、人が自分のもとを去るときに悲しみをもたらし、彼らが帰って来るときに喜びをもたらす。しかしその喜びは、彼女から命を授かった生きとし生けるものがみな家に戻り、その愛する者のために整えた食卓の周りで一堂に会するまで、決して満たされることはない。

そして、そこには兄息子も含まれる。レンブラントは彼を、波打つマントの下ではなく、光の輪の端に離して配置した。兄のジレンマは、比較を超えた父の愛を受け入れるか否か、すなわち、父が切に望んでいる愛し方であえて愛してもらうか、それとも、こう愛されるべきだと彼が感じている仕方で愛してくれることを要求するかということだ。

父は、この選択は息子がすべきだと知っている。両手を差し出している間でさえも待っている。はたして、兄は父の前にひざまずき、弟に触れたのと同じ手で触れてもらおうとするだろうか？父に赦してもらい、比較を超えた愛で彼を愛し、癒しをもたらす父の臨在を受け入れるだろうか？　ルカの書いた物語には、父は自分の子を二人とも迎えに出たとははっきり記されている。父は、自分勝手な弟を迎えに駆け寄ったばかりでなく、いったいこの音楽と踊りは何事かといぶかりながら畑から帰った孝行息子と会うためにも出て行き、家に入るようにとしきりに願った。

## 比較しない神

ここで起こっていることの全容を理解することは、わたしにとって極めて重要だ。弟息子の帰宅で心から喜びに満たされつつも、父は兄息子を忘れたわけではない。兄息子はそばにいて当然だと思っているわけでもない。喜びがあまりに大きくて、お祝いの開始を待ち切れなかったのだ。しかし、兄息子の到着に気づくや、彼は宴の席をたち、息子のところに出て行き、宴に加わるようにと懇願した。

兄は嫉妬《しっと》と苦々しい思いから、無責任な弟が自分より注目を浴びているとしか見えず、自分は弟より愛されていないと結論づける。いずれにせよ父の心は、より多いとか少ないとかに左右されるものではない。弟息子が帰宅したことに対する父の自由で自発的な応答は、兄息子との比較から出たものではまったくない。むしろ父は、自分の喜びに加わって欲しいと熱烈に願っている。

このことを納得するのは、わたしにとって容易ではない。この世は絶えず人を比較し、どれだけ知能が高いか低いか、どれだけ魅力的かそうでないか、どれだけ成功したか否かと、つねにランクづけるので、そうしない愛というものを、本当に信じることが難しい。だれかが誉められているのを聞くと、自分は誉められるに値しないと考えずにおれない。他人の善良さや親切について読んだりすると、自分ははたして彼らのようだろうかと考えずにいられない。さらに、特別な人にトロフィ、賞金、何らかの賞が手渡されるのを見ると、なぜわたしでないのかと自問せずにいられない。

わたしの育った世界は、あまりに等級、点数、統計があふれているので、意識すると否とに関係なく、つねに他人を自分の物差しで測ろうとする。わたしの人生の多くの悲しみや喜びは、比較することから生じたものだ。全部ではないにしろ、そのほとんどは無益で、時間とエネルギーのたいへんな喪失だった。

わたしたちの神、父であり母である神は比較なさらない、決して。しかし、それが真実だと頭では知っていても、わたしの全存在でそれをまるごと受け入れるのは、いまもって非常に困難だ。もしだれかが、「お気に入りの息子（娘）」と呼ばれるのを聞くと、すぐにわたしは、その人の他の兄弟姉妹はそれほど評価されず、それほど愛されていないのだと感じてしまう。

神の子たちのすべてが神のお気に入りであることなど、どうして可能なのか、わたしは想像もできない。そうであったとしても、そうなのだ。わたしの置かれているこの世の視点から神の国を見ると、わたしはすぐに神を、天にある大きなスコアボードの記録係のように思い込み、そのために良い成績を残さなければと、いつも恐れてしまう。しかし、喜んで迎えてくださる神の家からこの世を見るなら、比較などまったくなしに、神はすべての女性、男性の独自性を認める聖なる愛で愛してくださっていることがすぐに分かる。

兄は弟と自分を比較し、嫉妬《しっと》にかられた。しかし父は、あまりに両者とも愛しているので、兄息子が拒否されたと感じないために祝宴を遅らせることなど、思いもよらなかったのだ。比較などしない母性的な神の愛という真理を、わたしの心にしみ込ませることができたなら、太陽に照らされた雪のように、わたしの多くの感情的問題は溶け去ってしまうに違いない。

イエスが語られたぶどう園の労働者のたとえ話（マタイ20・1～16）を、すっきりと理解するのはとても難しい。「まる一日、暑い中で辛抱して働いた」人たちと同じ賃金を、たった一時間しか働かなかった人たちにも支払った農園主の話を読むたびに、いまだにイライラする思いが湧いてくる。

なぜ地主は、長時間働いた人たちにまず報酬を支払い、そのあとで、遅く来た人たちに気前よく支払って感銘を与えようとしなかったのか？　十一時間働いた労働者たちに最初に払うことをせず、なぜ間違った期待を抱かせたり、不必要な苦々しい思いと嫉妬《しっと》を生じさせるようなことをしたのか？　いまになって気づくことだが、このようなわたしの疑問はすべて、神の側の独自な秩序に、この世の経済観念を押しつけることから生じるのだ。

これまでの自分なら思いもしなかったが、地主は、遅く来た者たちに対して気前がよいのを見て、早くから来た労働者が喜んでくれると期待したのかもしれない。これもわたしの頭にかすりもしなかったことだが、まる一日ぶどう園で働いた人たちは、地主のために長く働いた機会を深く感謝するばかりか、さらに地主の寛大さを見て感謝するだろうと予測して、地主は行動したのかもしれない。このような他と比較しない考え方を受け入れるには、心の方向転換が求められる。しかし、これこそが神の考え方だ。神はご自分に属する人々を、ほんのわずかしか働かなかった人も、多くのことを成し遂げた人と同様に愛される幸福な家の子たちだと見なしておられる。

時間の長短に関係なく同じ心遣いを受けることで、ぶどう園で過ごした人々はみな大いに喜ぶだろうと考えるほど、神は純真であられるのだ。じつに神は、人々はご自分の前では、互いに比べ合うことなど起きようもないくらい、みなが幸せだと思われる純真なお方なのだ。それこそ、愛する人々の誤解に戸惑い、なぜ次のように言われたかの理由だ。「わたしの気前のよさをねたむのか」（マタイ20・15）。それは、こう言い換えることもできただろう。「お前は一日中わたしと一緒にいた。お前の願ったものをみな与えたではないか！　なぜそんなに苦々しく思うのか？」。これは、嫉妬《しっと》した兄息子に次のように言った父の戸惑いと同じだ。「子よ、お前はいつもわたしと一緒にいる。わたしのものは全部お前のものだ」

この背後には、回心への大きな招きが隠されている。すなわち、自分自身に対する低い自己評価という観点から見るのでなく、神の愛の目を通して見るということへの招きだ。最小の投資で最大のものを獲得しようとする家長や地主であるかのように神を見なすかぎり、わたしは同僚や肉親に対し、ねたんだり、腹を立てたり、恨んだりせざるを得ない。しかし、もしわたしが神の愛のまなざしをもって世界を見ることができたら、そして神の見方は、よくある地主や家長のようではなく、どれほどうまく行動したかに応じて子を愛する父のものでもなく、すべてを与え、すべてを赦す父の見方であることに気づけば、わたしの本心からの反応は、ただただ、深い感謝でしかあり得ない[22]。

## 神の心

レンブラントの絵の兄息子は、ただ眺めているだけである。彼の心に去来するものが何かを察するのは困難だ。たとえ話と同様、この絵もわたしの心に、ある問いを残す。すなわち、祝宴に加わるようにとの招きに、どう応じるかである。

父の心については――たとえ話でも絵でも――何一つ問いは残らない。その心は、両方の息子に注がれている。つまり、二人を同じように愛している。二人が兄弟として、同じ食卓を囲むのを見たい。二人に違いはあっても、同じ家族であり同じ父の子であることを体験して欲しいと願っている。

これらすべてを、わたしの心にしみ込ませようとするとき、わたしが神を選んだのではなく、神がまずわたしを選ばれたことを、いかにこの物語が強力に裏づけるものであるかに気づく。これは、わたしたちの信仰の大いなる奥義だ。

わたしたちが神を選んだのではなく、神がわたしたちをお選びになった。永遠の昔から、わたしたちは「御手の陰に」(イザヤ49・2)隠され、神の「手のひらに刻みつけ」(イザヤ49・16)られている。だれかが最初にわたしたちに触れる前に、「秘められたところでわたしは造られ」、「深い地の底で織りなされ」、わたしたちについて、だれも何も決めないうちに、神は「母の胎内にわたしを組み立ててくださった」(詩編139・13～15参照)。わたしたちに愛を示す人がだれもいない前から、神はわたしたちを愛してくださっている。神がわたしたちを「初めに」愛し、すなわち、尽きることのない、無条件の愛で愛してくださり、わたしたちが神に愛されている子であるようにと望まれ、さらに、ご自身と同じ愛する者となるようにと語っておられる。

わたしの人生の大半は、神を見出し、神を知り、神を愛するための苦闘であった。霊的生活の指針——絶えず祈り、人々のために働き、聖書を読む——に従って懸命に努力し、放蕩に身を持ち崩させようとする数々の誘惑を退けてきた。何度も失敗し、絶望しそうなときも、いつも繰り返し努力してきた。

ところで、その間のわたしは、神がわたしを見つけ出そうとし、わたしを知ろうとし、わたしを愛そうとなさっていたことを充分に分かっていただろうか。ここで問うべきことは、「どのようにわたしが神を見出すか」ではなく、「どのように神にわたしを見出していただくか」だ。問うべきことは、「どのようにわたしが神を知るか」ではなく、「どのように神にわたしを知っていただくか」だ。つまるところ、「どのようにわたしが神を愛するか」ではなく、「どのように神にわたしを愛していただくか」ということだ。

神は、遠くまでわたしを捜しに来られ、わたしを見つけ出し、家に連れ帰ることを熱望しておられる。なぜ罪人たちと食事をするのかと問われて、イエスが話された三つのたとえ話のどれも、神の自発性を強調している。神は、見失われた羊を捜しに出て行く羊飼いであられる。神は、ランプに火をつけ、家を掃除し、失ったコインを見つけるまでくまなく捜し回る女であられる。神は、ご自分の子らを見張り、じっと待ち、その子らを迎えに駆け出し、抱きしめ、家に帰るようにと懇願し、乞い、しきりに帰宅をうながす父であられる。

奇妙に響くかもしれないが、わたしが神を見出したいのと同じく、いやそれ以上に、神はわたしを見出したいと願っておられる。じつに、わたしが神を必要としているのと同様、神はわたしを必要としておられる。神は、家に留まり、じっと動かずにいて、子たちのほうから自分のもとにやって来て、その常軌を逸した振る舞いを謝罪し、赦しを乞い、行ないを改める約束をするのを期待するような家長ではない。それどころか、神は家をあとにし、ご自分の尊厳を無視して子たちに向かって駆け寄り、謝罪や行動を改めようとするどんな約束にも耳を貸さず、彼らのために整えた豪勢な食卓に案内する。

いまわたしに分かり始めていることは、神が身を隠し、できるだけわたしから見つかりにくいようにしているのでなく、むしろ、隠れているわたしをこそ捜し求めておられると考えるなら、わたしの霊的旅路のあり方が、いかに根本から変えられるだろうか、ということだ。わたしが神の目を通して、失われた自分というものを見つめ、わたしの帰宅によって、いかに神が喜んでくださるかに気づけば、わたしの人生の苦悩はより少なくなり、より信頼に足るものとなるだろう。神にわたしを見出していただき、家に連れ戻してもらい、天使たちと共にわたしの帰宅を祝ってもらうことで神が大いに喜ばれるのだとしたら、何と善いことではないか？　神にわたしを見つけていただくチャンスを作り、惜しみなく愛していただいて神に微笑《ほほえ》んでいただけるなら、何と素晴らしいことではないだろうか？

このような問いは、現実的な課題を引き起こす。つまり、自分で自分をどう考えるかだ。わたしには捜してもらうほどの価値があることを、自分で受け入れられるだろうか？　神の内に、ただわたしと一緒にいたいという渇望があることを、わたしは信じるだろうか？

ここにこそ、わたしの霊的葛藤の中心がある。すなわち、自己拒否、自己蔑視、自己嫌悪との軋轢《あつれき》である。そこでは、この世と悪魔たちが共謀して、わたしには価値がなく、役立たずで、取るに足らない存在だと思い込ませようとするので、極めて厳しい闘いを強いられる。

消費者の自己イメージの低さを巧みに操作して、物質的な手段で霊的満足が得られるかのような消費優先主義の経済が大手を振っている。自分は「ちっぽけな存在」だと思っているかぎり、自己イメージがすっかり変わると約束（それは決して実現しない）するかのような物を買ったり、そのような人に会ったり、そのような場所に出かけたりすることに、たやすく誘惑されてしまう。しかし、こうしたことに操られ、誘惑されるたびに、わたしは自らをさらに卑しめ、望まれずに生まれた子であるかのように自分を見てしまうのだ。

## 初めからあり、永遠に存在する愛

かなり長い期間わたしは、自己評価の低いことが徳の一つであるかのように考えてきた。あまりにひんぱんに、高慢とうぬぼれに警戒するようにと言われてきたので、自分を軽視するのは良いことだと考えるようになった。しかしいまは、真の罪は、わたしに対する神の初めの愛を否定すること、自分本来の善さを無視することだと認めている。これらを受け止めないなら、わたしは真の自分との接点を失い、父の家だけに見出せるものを、見当違いの人々に、見当違いの場所に捜し求める自滅的な旅に乗り出してしまう。

神の初めの愛と自分本来の善さを受け取ることの格闘は、わたし一人だけではないと思っている。人々の示す盛んな自己主張、競争、ライバル意識の下には、つまり、自信たっぷりで、傲慢《ごうまん》にさえ見える心の下には、外側に現われる言動からすれば信じられないほどの、大きな不安が潜んでいることが多い。

だれが見ても才能があり、その業績ゆえにたくさんの報酬を得ている男性や女性たちが、自分自身の善良さを、いかに疑っているかを知り、わたしはよくショックを受ける。外見上の成功を、自分の内面の美しさの現われというより、自分は価値がないという思いを隠蔽《いんぺい》するために使っている。「わたしが心の底で何を思っているかを人々が知ったら、わたしへの喝采や賞賛は止むことでしょう」と、わたしに打ち明けた人は少なくない。

周りのだれからも愛され、賞賛されている青年と話したときのことを、いまでもはっきりと覚えている。彼は友人のほんの小さな批判で、いかにうつ状態のどん底に落ちてしまうか話してくれた。話しながら、彼の目から涙が流れ落ち、その苦悩で身をよじった。彼は、自分を防衛していた壁を壊され、友人に本当の自分を見られたと感じたのだ。すなわち、醜い偽善者、ピカピカの鎧兜《よろいかぶと》で身を飾った卑劣な男を。この人の話を聞きながらわたしは、人もうらやむ才能に恵まれながら、何と不幸な人生を彼は生きてきたことだろうかと気づいた。彼は何年もの間、次のような問いを内に秘めて歩き回ってきた。「自分を本当に愛してくれる人はいるだろうか？　自分を本当に気にかけてくれる人はいるだろうか？」。成功の階段を一段よじ登るごとに、こう考えてきた。「これは、本当の自分ではない。いつかはすべてが崩れ落ち、わたしはだめな人間だと、みんな分かってしまう」

彼とのこの出会いは、多くの人がどう生きているかの実例を示している。――それは、自分はあるがままで愛されていることを、完全には納得していないということだ。多くの人は、低い自己イメージを抱かざるを得ないもっともらしい不愉快な逸話を持っている。すなわち、必要なものを与えてくれなかった両親、不当な扱いをした教師、自分を裏切った友人、人生の危機にあったとき、自分たちを冷たく無視した教会の話などである。

放蕩息子のたとえ話は、およそ拒否というものが成立する以前に存在した愛、あらゆる拒否によって閉ざされたのちも、なおそこにある愛についての物語である。その愛は、父であり、母でもある神の、初めからあり、永遠に存在する愛のことだ。その愛は、人間のあらゆる真実な愛――ほんの限られたものであろうと――が、湧き出てくる泉である。

イエスの生涯と説教の全体には、ただ一つの目的がある。すなわち、イエスの神の、無尽蔵で、限りないこうした母性的、父性的愛を示し、わたしたちの日々の生活のあらゆる部分を、その愛によって導いてもらう生き方を示すことだ。父を描いた絵で、レンブラントがわたしにかいま見させてくれるのがその愛だ。それは、いつでも家に迎え入れ、いつでも祝おうとしている愛である。

# 9　父は祝宴に招いておられる

父親は僕《しもべ》たちに言った。「急いでいちばん良い服を持って来て、この子に着せ、手に指輪をはめてやり、足に履物を履かせなさい。それから、肥えた子牛を連れて来て屠《ほふ》りなさい。食べて祝おう。この息子は、死んでいたのに生き返り、いなくなっていたのに見つかったからだ」。そして、祝宴を始めた。

## 最高のものを与える

弟息子の帰った家が、ありふれた農家でないことはわたしにもすぐ分かる。広大な土地と多くの召使いを抱えた大富豪として、ルカはこの父を描いている。レンブラントは、この記述に合わせ、父と傍観者の二人の男に、ぜいたくな装いを施している。背景にいる二人の女性がもたれているアーチも、農家というより、宮殿の一部のようだ。父親の豪華な衣装、周囲の豪勢な外観は、あまりに長かった苦悩を物語る盲目らしい父親の目、深い悲しみが刻まれた顔、前かがみの姿勢と、著しい対照をなしている。

ご自分の子たちに限りない愛を抱くがゆえに苦しまれる神は、同時に、善良さと憐れみにあふれた神（ローマ2・4、エフェソ2・4参照）、ご自分の豊かな栄光（ローマ9・23）を子たちに示したいと切望しておられるお方である。父は謝罪のいとまも息子に与えない。息子が赦しを懇願しようとした矢先に、父は先手をとって赦しを与え、息子の帰宅という喜びの光の中で、彼の嘆願をまったくの場違いなものとして退けた。

それだけではない。問いただすことなしに赦しを与え、喜びいっぱいに歓迎するだけでなく、新しい生活、あふれんばかりの豊かな生活を与えずにはいられない（ヨハネ10・10）。帰って来た息子にそれを与えたいと切に願うあまり、いても立ってもいられないかのようだ。ほどほどにということがない。最上のものを与えないではいられない。雇い人の一人にしてもらおうと息子が腹づもりしている間に、父はとっておきの来賓用の上着を取りに行かせる。さらに子のほうでは、もう息子と呼ばれる資格はないと感じているのに、愛する息子として、また跡継ぎとしての名誉を回復させようとして、父は手に指輪をはめてやり、足に履物を履かせてやる。

わたしが高等学校を卒業した年の夏に身につけた服装のことを、いまでもありありと思い出す。白いズボン、幅広のベルト、色鮮やかなシャツ、ピカピカの靴。それはどれも、わたしがいかに自分に満足していたかを表わしている。両親は大いに喜んでわたしのために新しい服を買ってくれ、良い息子を持ったものだと、とても誇らしげだった。わたしも、自分が彼らの息子であることをありがたく思った。とくに思い出すのは、新しい靴を履いてどんなに気分がよかったかということだ。

そうした日々を過ぎ、これまでにたくさんの旅をしたが、いかに多くの人々が裸足《はだし》の生活を余儀なくされているかを見てきた。いまのわたしは、新しい靴が持つ象徴的な意味を、以前よりははるかによく理解している。裸足は貧困、そして奴隷の身分を示すことが多い。靴は、金持ちと有力者のものだ。靴によって蛇から守られる。すなわち、安全と強さをもたらす。それは、追われている者を追う者へと変えさせる。多くの貧しい人々にとって、靴を手に入れるのは脱出口を示す標識となる。アフリカ系アメリカ人の古い霊歌は、このことを次のように美しく表わしている。

「神の子たちはみな靴をもらった。天国に着いたら、わたしの靴を履こう。そして、天国中を歩き回ろう[23]」

帰って来た息子に父は、神の子としての自由を表わすしるしを身につけさせた。父は、自分の子のだれも雇われ人や奴隷であって欲しくない。子たちに名誉ある着物を着させ、相続の指輪をはめ、栄誉ある履物を履かせたいのだ。それはまるで、神の寵愛を受ける年が開始したことを記念する授与式のようだ。この授与と開始の意味は、預言者ゼカリヤの第四の幻にもれなく綴《つづ》られている。

主は、主の御使いの前に立つ大祭司ヨシュアと……をわたしに示された。……ヨシュアは汚れた衣を着て、御使いの前に立っていた。御使いは自分に仕えている者たちに向かって言った。「彼らの汚れた衣を脱がせてやりなさい」。また、御使いはヨシュアに言った。「わたしはお前の罪を取り去った。晴れ着を着せてもらいなさい」。また、御使いは言った。「この人の頭に清いかぶり物をかぶせなさい」。彼らはヨシュアの頭に清いかぶり物をかぶせ、晴れ着を着せた。主の御使いは立ち続けていた。主の御使いは、ヨシュアに証言して言った。「万軍の主はこう言われる。もしあなたがわたしの道を歩み、わたしの務めを守るなら、あなたはわたしの家を治め、わたしの庭を守る者となる。わたしはあなたがここで仕える者らの間に歩むことを許す。大祭司ヨシュアよ……聞け、……わたしは……一日のうちにこの地の罪を取り除く。その日には……あなたたちは互いに呼びかけて、ぶどうといちじくの木陰に招き合う」（ゼカリヤ3・1〜10）

放蕩息子の物語を、心の内でゼカリヤの幻と共に読んでみると、息子のために着物と指輪と履物を持ってくるようにと父が命じたとき口にした、「急いで」という言葉には、人間的なせっかちさとはほど遠い意味があることに気づく。それは、世の初めから準備していた新しい王国を開始することへの差し迫った神の思いを示すものだ。

父が、ぜいたくなパーティを設けたいと思ったことは疑いない。とっておきの機会のために、よく太らせておいた子牛を屠《ほふ》らせたことは、父があらゆる制限を解き、かつて一度もあったためしがないほどの宴会を息子のために催したくてたまらなかったことが分かる。はち切れんばかりの父の喜びの現われだ。

命じたことがすべて整ったのち、父は叫んだ。「食事をして喜ぼう。この子は死んでいたのに生き返り、いなくなっていたのに見つかったのだから」と。そして、人々は即座にパーティを始めた。ふんだんなご馳走、そして音楽と踊り。その楽しいお祭り騒ぎは、家からかなり遠くても聞こえたことだろう。

## 喜びへの招き

大宴会を主催する神というイメージに、わたしは慣れていないと気づいた。つねに厳粛さと深刻さを連想して神を見てきたからだ。しかし、イエスが神の国について述べているのを考えると、喜びにあふれた宴会を中心にしていることが多い。「東や西から大勢の人が来て、天の国でアブラハム、イサク、ヤコブと共に宴会の席に着く」（マタイ8・11）とイエスは言われる。また天の国を、王子のために王が催した婚宴にたとえている。王の僕《しもべ》たちは、人々を招待するために出かけて行って、こう言った。「食事の用意が整いました。牛や肥えた家畜を屠《ほふ》って、すっかり用意ができています。さあ、婚宴においでください」（マタイ22・4）。しかし多くの人は関心を示さなかった。自分のことであまりに忙しかったからだ。

放蕩息子のたとえ話とまったく同じく、ここでもイエスは、ご自分の子らのために祝宴を催したいという父の強い願い、人々が招待を断ろうとも、懸命に祝宴に招こうとしておられる神の姿を表わしている。この食事への招待とは、神と親しくなることへの招きだ。これはとくに、イエスの死の直前に設けられた最後の晩餐において明らかだ。そこでイエスは、弟子たちにこう言われる。「言っておくが、わたしの父の国であなたがたと共に新たに飲むその日まで、今後ぶどうの実から作ったものを飲むことは決してあるまい」（マタイ26・29）。また、新約聖書の巻末では、神の最終的な勝利を盛大な婚宴として描いている。「全能者であり、わたしたちの神である主が王となられた。わたしたちは喜び、大いに喜び、神の栄光をたたえよう。小羊の婚礼の日が来て……小羊の婚宴に招かれている者たちは幸いだ」（黙示19・6～9）

祝宴は神の国に属する。神は、赦しと和解と癒しを与えるだけでなく、それらを経験するすべての人の喜びの源として、それらの賜物を高く掲げたいのだ。罪人たちと食事をする理由としてイエスの話された三つのたとえ話のどれも、神は喜ばれ、共に喜ぼうと人々を招いておられる。羊飼いは言う、「見失った羊を見つけたので、一緒に喜んでください」。女は言う、「無くした銀貨を見つけましたから、一緒に喜んでください」。父は言う、「いなくなっていた息子が見つかったのだ。一緒に喜ぼう」

すべてこれらの声は、神からの声だ。神は、ご自分の喜びを自分だけのものにしておきたくない。それを、すべての人と分かち合いたいと願っておられる。神の喜びは、主の天使たちの喜びであり、主の聖徒たちの喜びだ。つまり、神の国に属するすべての人々の喜びなのだ。

レンブラントは、弟息子が帰宅した瞬間を描いている。兄息子と三人の家の者は距離を保っている。彼らは、父の喜びを理解するだろうか？　彼らは父に抱いてもらうだろうか？　では、わたしはどうするのか？　彼らは非難を浴びせることなく祝宴に加わるだろうか？　では、わたしはどうか？

わたしは、帰宅した瞬間だけを目にしている。次に何が起きるかは推測するほかない。わたしは自分に問い続ける。「彼らはそうするだろうか？」、「では、わたしは？」と。わたしが知っているのは、周りにいるみなが、帰ってきた息子の新しい服を誉めちぎり、父と共に食卓を囲み、一緒に食べたり踊ったりすることを父が願っているということだ。それは、個人的なことではなく、家中の者が感謝の思いで祝うべき出来事だ。

わたしはふたたび問い続ける。「彼らはそうするだろうか？」、「では、わたしは？」。これは重要な問いだ。なぜなら——奇妙であるかもしれないが——喜びあふれる人生を生きることに反抗したいわたしの思いに抵触するからだ。

神は喜ばれる。それは、世界の諸問題が解決したからでもなく、人間のすべての苦痛と苦難が終わったからでもなく、数千人もの人々が回心し、いまや神をたたえているからでもない。そうではない。神が喜ばれるのは、いなくなった子の一人が見つかったからだ。わたしが招かれているのは、その喜びにあずかることだ。それは神の喜びであって、この世のもたらす喜びではない。この世のあらゆる破滅、荒廃、苦悩のただ中から、自分の子が一人で家に向かって歩いて来るのを目にすることからくる喜びだ。それは、座って見物している男の頭上の壁に描かれている笛吹きと同じで、人目につきにくい、隠された喜びである。

小さな、隠された、そして周りの人がほとんど気づかないようなことに喜びを見出すのに、わたしは慣れていない。むしろ、悪い知らせを受け止めたり、戦争、暴力、犯罪について読んだり、紛争や混乱を目にすることのほうが慣れている。わたしを訪問する人たちに対して予想するのはいつも、問題や心の痛み、失敗や落胆、憂うつや苦悩について話してくれることだ。ある意味でわたしは、悲しみと共に生きることに慣れてしまい、神に属する目と耳、つまり、この世の片隅に埋もれているものから喜びを見出す目、うれしいことを聞き出す耳を失ってしまった。

わたしに、ある友人がいる。彼は神とあまりに深く結びついているため、わたしなら悲しみしか期待しない場に、喜びを見出すことができる。彼はたくさんの旅をし、数え切れないほどの人々と会う。彼が戻って来るとわたしは、彼が訪問した国々の深刻な経済危機、耳にも、目にもしたであろうひどい不正、悲惨について話してくれることをいつも期待する。

ところが彼は、世界の激しい変動にはっきりと気づきながら、そのことをめったに話さない。彼が自分の経験を分かち合うときは、自分の見つけた人目につかない喜びについて話す。自分に希望と安らぎを与えてくれた男性、女性、あるいは一人の子どもについて話す。あらゆる混乱のさなかでも、互いに誠実な人々の小さなグループについて話す。神がなした小さな奇跡について。ときにわたしは、自分ががっかりしているのに気づく。なぜなら、わたしが聞きたいのは新聞に載るようなニュースや、友人同士で話題にできそうな、刺激的で、気分が高まる話だからだ。しかし彼は、わたしのセンセーショナリズムを満足させることは決してしない。彼はこう話し続ける。「じつに小さな、じつに美しいものを見ました。それは、わたしに大きな喜びを与えてくれました」
放蕩息子の父は、立ち返った息子が自分にもたらした喜びに身を投げ出す。わたしは、そこから学ばねばならない。そこから「奪う」ことのできるすべての喜びを奪い取り、他の人々が見えるように、それを高く掲げることを学ばねばならない。

もちろん、いまもってすべての人が回心したわけでもなく、どこも平和だというのでもなく、すべての痛みが取り去られたわけでもないことをわたしは承知している。たとえ、そうではあっても、立ち返るべき家に人々が帰っている姿が見える。すなわち、人々の祈る声が聞こえる。人々が赦し合う瞬間に気づく。数多くの希望のしるしを目にする。すべてが整うまで待つ必要はない。手近にある、あらゆる小さな神の国の兆しを祝うことができる。

これこそ真の修練だ。それは、深い闇におびえているときも光を選び、死の力で圧倒されそうなときも命を選び、嘘に取り囲まれているときも真実を選び取ることをわたしに求める。わたしは人間の悲しい現状を目にすると動揺させられるため、たくさんの小さな、しかし非常に現実的な仕方で出現する喜びを受け取れないでいる。喜びを選ぶことによる報いは、喜びそれ自体だ。知的なハンディを負っている人々と暮らすことで、わたしはそれを確信した。

わたしたちの内には、仲間外れにされた思い、痛み、心の傷がたくさんある。しかし、すべての苦しみのただ中に隠されている喜びを受け取ることを選ぶようにすれば、人生は祝宴となる。喜びは、悲しみを少しも否定するものではなく、悲しみを、さらなる喜びを育む肥沃な土壌へと変容させるものだ。

わたしはきっと、世間知らずで、非現実的で、感傷的だと揶揄《やゆ》されたり、「現実」の問題、つまり人間の悲惨な現状の裏に潜んでいる構造悪を無視していると非難されるだろう。しかし神は、罪人が一人でも立ち返るのを喜ばれるのだ。統計的には大したことはない。しかし神にとって、数は問題ではない。世界が破滅から守られているのは、すべての人類が希望を失ったり、享楽に溺《おぼ》れていたとしても、一人、二人、あるいは三人の人が祈り続けているからかもしれないのだ。

神からすれば、悔い改めた人の隠れた行ない一つで、無私の愛から出たしぐさ一つで、真の赦しが生まれた瞬間一つで、玉座におられる神を立ち上がらせ、帰って来た息子に駆け寄らせ、聖なる喜びのどよめきで天を満たすに足りるのだ。

## 悲しみを排除することなく

もしそれが神のなさり方なら、わたしが挑戦すべきことは、わたしを憂うつに引きずり込むあらゆる滅びと呪いの声をやり過ごし、「小さな喜び」の中に、わたしの住んでいるこの世界の真実を示してもらうことだ。

イエスはこの世について非常に現実的に語られる。イエスは、戦争、革命、地震、疫病、飢饉《ききん》、迫害、投獄、裏切、憎悪、暗殺について語られる。世界のこうした闇のしるしが消え去るとは決して言っておられない。しかし、たとえ闇が消え去らなくとも、神の喜びはそのすべてのただ中でもわたしたちのものであり得る。その喜びは、死よりも強い愛の神、すでに喜びの王国に属する者としてこの世のわたしたちを力づける神、そのような方である神の家族に、自分たちが属しているということからくる。

これは、聖人たちの抱く喜びの秘訣だ。この喜びは、砂漠の聖アントニウスからアッシジの聖フランシスコ、テゼ共同体のブラザー・ロジェ、カルカッタのマザー・テレサにいたるまで、神の人の示す特徴であり続けた。これは、今日の厳しい経済的、社会的大変動にさらされ、質素で、貧しく、その多くは苦しみの中で生きるしかない多くの人々、しかも、天の父の家から流れ出る音楽とダンスの響きを、すでに聞くことのできる人々の顔に見られる喜びだ。

わたし自身は、自分のコミュニティにいる知的ハンディを負った人々の顔に、毎日、この喜びを見ている。これらの聖なる男性たち、女性たちはすべて、すでに故人となった人であれ、いま生きている人であれ、日々生じる多くの「小さな立ち返り」に気づくことができ、天の父と共にそれを喜ぶことのできる人たちである。どのようにしてか彼らは、真の喜びが意味するものをすでに見抜いている。

わたしは毎日経験しているが、皮肉と喜びの間の根本的な違いに驚かされる。皮肉屋は、どこへ行っても闇を捜し出す。彼らはいつも、近づきつつある危険、不純な動機、たくらみを指摘する。「信頼」を「世間知らず」と呼び、「ケア」を「現実離れ」と言い、「赦し」は「感傷的」と見なす。熱心さを冷やかし、霊的情熱をあざけり、カリスマ的な振る舞いをさげすむ。自分こそ、ありのままを見据える現実主義者で、「現実逃避の感情」に欺《あざ》むかれていない者だと見なす。しかし、こうして神の喜びを矮小化《わいしょうか》するために、彼らの闇はさらなる闇を引き出すものでしかない。

神の喜びを知るにいたった人々は、闇を否定しない。しかし、その中に生きることを選ばない。彼らは、闇に輝く光は闇それ自体より信頼に足るものであり、ほんの少しの光がたくさんの闇を払いのけると受け止める。彼らは、そこかしこにある光のまたたきを指摘し合い、密《ひそ》かだが、それらは現実に神がそこにおられることの兆候であることを互いに思い起こす。互いの傷を癒し合い、互いの罪を赦し合い、持ち物を分け合い、共同体精神を育み、自分たちの受けた賜物を祝い、そして、神の栄光の満ちあふれる顕現《けんげん》を絶えず期待しながら生きる人々の存在を見出す。

毎日のあらゆる瞬間に、皮肉と喜びのいずれかを選ぶチャンスがある。わたしの抱くあらゆる考えは、皮肉にも喜びにもなり得る。わたしが話すあらゆる言葉は、皮肉にも喜びにもなり得る。あらゆる行為が、皮肉にも喜びにもなり得る。

しだいにわたしは、こうしたすべての選択の可能性に気づくようになり、喜びを選ぶという選択の一つひとつが、さらなる喜びへと引き上げ、人生を御父の家での真の祝宴とする、さらなる根拠を与えることが分かってきた。

イエスは、御父の家でのこうした喜びを、全身に満たして生きられた。イエスの内に、わたしたちは御父の喜びを見ることができる。イエスが、「父が持っておられるものはすべて、わたしのものである」（ヨハネ16・15）と言われる中には、神の尽きない喜びが含まれている。この神聖な喜びは、神聖な悲しみを消し去るものではない。わたしたちの世界では、喜びと悲しみは互いに他を排除し合う。喜びとは悲しみのないことであり、悲しみとは喜びのないことだと考える。しかし、そのような区別は神の内に存在しない。神の子イエスは、悲しみのお方だが、完全なる喜びのお方でもある。もっとも大きな苦しみにある中でも、決して御父から離れなかったことからも、それをかいま見ることができる。イエスの御父との一致は、神に見捨てられたとイエスが「感じる」ときでさえ、決して壊れたことがない。

神の喜びは、イエスが息子であることに起因している。そして、イエスと御父のこの喜びは、わたしにも差し出されている。イエスは、ご自分が楽しまれるこの同じ喜びを、わたしが持つことを願っておられる。イエスはこう言われた。「父がわたしを愛されたように、わたしもあなたがたを愛してきた。わたしの愛にとどまりなさい。わたしが父の掟を守り、その愛にとどまっているように、あなたがたも、わたしの掟を守るなら、わたしの愛にとどまっていることになる。これらのことを話したのは、わたしの喜びがあなたがたの内にあり、あなたがたの喜びが満たされるためである」（ヨハネ15・9〜11）

立ち返った神の子どもは、御父の家に住んで、神の喜びを自分のものとすることができる。わたしの生活には、悲しみ、憂い、皮肉、暗い気分、陰気な考え、不健全な空想、憂うつの感情の波に翻弄されないときは一時もない。わたしはそれらの思いで、御父の家にいる喜びを覆《おお》ってしまうことが多い。しかし、わたしはすでに家に戻った者であり、御父はわたしをすでに上着、指輪、履物で装わせてくださったのだと本気で信じるなら、悲しみの仮面を自分の心からはずし、わたしの真実の姿について偽りを言う声を払いのけ、神の子どもとしての内的自由を保ったまま、真理を受け止めることができる。

さらに、ことはそれだけにおさまらない。子どもは、ずっと子どものままではいない。子どもは大人となる。そして大人は父となり、母となる。放蕩息子が家に帰ったのは、そのまま子どもで居続けるためではない。息子としての位置を自分のものとし、自分自身が父となるためである。立ち返った神の子としてわたしは、父の家での自分の場をふたたび回復するようにと招かれている。つまり、わたしに課せられたチャレンジは（もちろんそれは召命でもあるが）いまや、わたし自身が父となる、ということである。

わたしはこの召命に畏怖の念を抱く。長い間わたしは、父の家に帰ることを究極的な召命として生きてきた。わたしの内なる弟息子と同様、内なる兄息子も父のほうに向きを変えさせ、歓迎する父の愛を受け止めるために、たくさんの霊的作業を必要としてきた。じつを言えば、わたしはさまざまな段階で、いまだに父に立ち返る途上にいる。しかし、家に近づけば近づくほどそこには、帰郷するという召命を超えた召命があるという意識が鮮明になってきた。それは、喜んで家に人々を招き入れ、祝宴に加わるよう呼びかける父親となるという召命だ。息子であることを回復した者として、これからのわたしは父であることを受け止めねばならない。

わたしが初めてレンブラントの絵を見たとき、悔い改めた息子になることが、人々を歓迎する父となるための一歩に過ぎないなどとは夢にも思わなかった。いまのわたしは、赦し、慰め、癒し、そして祝宴の食事を用意するあの両手が、わたし自身の両手にならなければならないと気づいている。『放蕩息子の帰郷』を思い巡らしてきて、父となるという結論に導かれたことに、わたし自身驚く。

# 結び：父となる

あなたがたの父が憐れみ深いように、あなたがたも憐れみ深い者となりなさい。

## 孤独なステップ

レンブラントの『放蕩息子の帰郷』の一部を複製した絵と出会ったとき、この本を書くにいたった霊的旅路がスタートした。ここにその結論を迎えるに当たり、それがいかに長い道のりであったかに気づく。

その初めから、弟息子だけでなく兄息子がわたしの霊的旅路の重要な側面を示してくれることを受け入れる準備はあった。長い間御父の存在は、わたしを受け入れ、赦し、家を提供し、平和と喜びを与えてくれる「他者」に過ぎなかった。父とは、立ち返るべき場所、旅の目的地、最終的な安住の地だった。やっと少しずつ、そして多くはかなり痛い目にあいながら気づいたことは、父が部外者であり続けるかぎり、わたしの霊的旅路は決して完結しない、ということだった。

わたしの受けた最高の神学的、霊的素養でさえ、いくらか脅迫を受けるような、どことなく恐怖を抱かせるような父なる神というものから、わたしを完全には解放しなかった。父の愛について学んだすべても、力を行使し、意のままにそれを用いてわたしの上に君臨する権威者という姿を、完全に払拭することはできなかった。

どういうわけか、わたしに向けられた神の愛は、神の力への恐怖によって制限を受けたものとなり、さらには、そば近くにいたいという渇望は計り知れないのに、用心深く遠ざかっておくのが賢明のように思われた。これと同じ経験をしている無数の人たちをわたしは知っている。神からの復讐と罰の対象となることへの恐怖が、年齢、宗教、生活スタイルに関係なく、いかに多くの人々の精神的、感情的生活を麻痺させているかをわたしは見てきた。神に対する、人を麻痺させるこの恐怖は、人間の持つ大きな悲劇の一つだ。

レンブラントの絵と彼の悲劇的な生涯は、霊的生活の最終段階として、わたしが御父に似た者となるためには、御父に対するすべての恐怖をことごとく手放すことであるという発見をさせてくれた。御父が恐れを引き起こすかぎりは、わたしにとって彼は部外者であり続け、わたしの内に住むことはできない。ところが、レンブラントの絵が、極度のもろさを持った父という姿をわたしに示してくれたおかげで、わたしの最終的な召命は、まさに父のようになることであり、わたしの毎日の生活で御父の聖なる憐れみ深さを体現することだ、という気づきに導いてくれた。

わたしは弟と兄の両方ではあっても、そのままでいるのではなく、父となる。もちろん、父や母である人は、かつて息子や娘であったのだ。しかし、息子や娘である人は、だれもがそれぞれの子ども時代を抜け出て、他者のための父や母となるステップを意識的に選び取らねばならない。それは――親としてまともに生きることが困難な時代にはなおさら――厳しい、孤独なステップだが、霊的旅路をまっとうするためには欠かせないことだ。

レンブラントは父を絵の中央に配していないが、そこに描写されている出来事の中心であることは明らかだ。父からすべての光が放射され、すべての注目は父へと向かう。レンブラントはたとえ話が示すとおり、わたしたちがだれよりも先に父に目を留めるように意図している。

自分でも驚くが、わたしの注意の中心を父に向けるまで、何と長い時間を要したことか。二人の息子と自分を同一視するのはやさしかった。彼らのわがままな行動も思いも、あまりに理解しやすく、あまりに人間的なので、自分との関連が指摘されると、ほとんど自然に自分をそこに当てはめてしまう。長い間わたしは、弟息子と自分をすっかり同一視していたため、兄のほうがもっとわたしに似ているかもしれないと思うことはなかった。しかし、「あなたは、この話の中の兄息子ではないでしょうか？」と友だちから指摘されて以来、それ以外に考えることができなくなった。

わたしたちはすべて多かれ少なかれ、人間の持つあらゆる形の破綻と関係しているように思われる。貪欲や怒り、好色や恨み、軽薄さや嫉妬《しっと》をまったく持たない人などだれ一人いない。わたしたちの破綻は、いろいろな形で行動に現われるが、とくに不法行為、犯罪、戦争の内で、人間の心に端を発しないものは一つもない。

ところで、父についてはどうか？　中心にいるのは父であり、同一視すべきは父であるのに、なぜわたしはもっぱら息子たちに目を留めるのだろう？　真に問うべきは、「父のようであることに関心はあるか？」なのに、なぜそれほどまで、わたしは息子たちに似ていると言いたいのか？　「この息子たちは、自分のようだ」と言うのは、どういうわけか気分がいい。理解されている感じがする。

ところが、「父はわたしに似ているだろうか？」と問うとき、わたしはどう感じるだろう。わたしは、父のようでありたいだろうか？　赦されているだけでなく、赦す者でありたいだろうか？　家に迎えられるだけでなく、喜んで家に迎える者でありたいだろうか？　憐れみを受けるだけでなく、自分も憐れみを差し出す者でありたいだろうか？　教会と社会のどちらにも、わたしたちが依存的な子どもであり続けるようにという、かすかな圧力がありはしまいか？　過去の教会は、何かにつけ従順を強調し、霊的父性というものを受け止めるのを困難にさせてきたのではないか？　また消費社会は、子どもっぽい欲求を満足させることにふけるよう奨励してきたのではないか？　わたしたちが未熟な依存から自らを解放し、責任ある大人としての重荷を引き受けるようにと、本気でわたしたちにチャレンジした人はいるだろうか？

父であることを受け止めるという恐れを覚える課題を、絶えずわたしたち自身が回避してきたのではないだろうか？　レンブラントは、確かにそうだった。多くの痛みと苦しみを経て、死を間近にしてやっと、真に霊的な父性というものを理解し、絵に描くことができた。

イエスが宣言なさった中で、おそらくもっとも過激なものは、「あなたがたの父が憐れみ深いように、あなたがたも憐れみ深い者となりなさい」（ルカ6・36）という言葉だろう。ここでイエスの述べられた神の憐れみは、神が進んでわたしの気持ちを察し、罪を赦し、新しい命と幸福をどんなにか与えたいと願われているかを示すだけでなく、わたしが神に似た者となり、神がわたしに示してくださったのと同じ憐れみを、他の人たちに示すようにと招いている。

もし放蕩息子の物語の意味するものが、人間は罪を犯し、神はそれを赦すというだけなら、すぐにわたしは自分の犯す罪を、神の赦しを得る絶好の機会だと考え始めるだろう。このように解釈することは、この物語の持つ深い問いかけを失わせる。そこからわたしは、自分の弱さに甘んじるようになり、結局は、神はそれらに目をつむり、何をしようがわたしを家に迎えてくれると期待することだろう。そうした感傷的な夢物語は、福音のメッセージではない。

わたしが実現すべく召されていることは、わたしが弟であろうと兄であろうと、情け深い御父の息子であるということだ。わたしは相続人なのだ。このことを、パウロほどはっきりと述べている人はいない。彼はこう書いている。「この霊こそは、わたしたちが神の子どもであることを、わたしたちの霊と一緒になって証ししてくださいます。もし子どもであれば、相続人でもあります。神の相続人、しかもキリストと共同の相続人です。キリストと共に苦しむなら、共にその栄光をも受けるからです」（ローマ８・16～17）

まさに息子として、また相続人として、わたしは跡継ぎになる。わたしは御父の場所を受け継ぎ、御父から受けたのと同じ憐れみを、他の人たちに差し出すことが定められている。御父のもとに帰るとは、とどのつまりは、父になるという課題を引き受けることなのだ。

父になるというこの召命は、この物語のあらゆる「軟弱な」解釈を排除する。家に帰り、安心して抱き留めてもらうことを、どんなにか自分が渇望しているか知っているが、それが意味するすべてを含めた息子、そして相続人であることを、わたしは本当に望んでいるだろうか？　父の家にいるということは、父の生き方を引き受け、その似姿に変えられることが求められる。

最近、鏡をのぞいていたとき、わたしが自分の父親とそっくりなのでがく然とした。自分の面立ちを見ながらふいに、わたしが二七歳のときに目にした男が見えた。敬服しつつも批判し、愛しつつも恐れた人だ。わたしはたくさんのエネルギーを、この人物に逆らって自分を見つけようとして費やしてきた。そして、自分とは何者であり、どんな人間になるかという問いの多くも、この人物の息子であることから出てきたものだ。

鏡の中に、突然この人が出現したのを見たとき、これまでの人生でずっと意識してきた父との相違点はみな、類似点に比べればずっと少ないことに気づき、圧倒させられた。そのショックと共に思い知ったことは、じつに自分こそは、かつてわたしが自分の父にしたように、他人から敬《うやま》われ、恐れられ、称賛され、ときに誤解を受ける相続人であり、跡継ぎであるということだ。

## 憐れみ深い父性

レンブラントが描いた放蕩息子の父親像は、息子の立場を持ち出して父と距離を保つ必要はもうないと分からせてくれる。息子であることをたっぷり経験してきた者として、あらゆる壁を踏み越え、目の前にいる老人になるという真理こそ、心からわたしの渇望していたことだと受け止めるときが来た。永遠に子どものままでいることはできず、自分の人生の責任を回避する口実に父の存在を指摘し続けることもできない。

子どもたちがわたしをどう感じ、どう考えるかに関係なく、わたしは祝福を込め、大胆に両手を差し伸べ、あらん限りの憐れみをもって彼らを受け止めねばならない。イエスのたとえ話とレンブラントの絵が表わしているように、憐れみ深い父になることが霊的生活の究極の目標であるなら、いまのわたしがすべきことは、その持つ意義のすべてを探求することである。

それにはまず、「二人の息子がいる男」の話を、イエスが話すことになったいきさつを肝に銘じなければならない。ルカはこう記している。「徴税人や罪人がみな、話を聞こうとしてイエスに近寄ってきた。すると、ファリサイ派の人々や律法学者たちは、『この人は罪人たちを迎えて、食事まで一緒にしている』と不平を言い出した」(ルカ15・1~2)。ファリサイ派と律法学者たちは、イエスが罪人たちと親密であることを非難し、教師としての妥当性に疑問を投げかけた。それに答えてイエスは、彼らに、「見失った羊」、「無くした銀貨」、そして「放蕩息子」という三つのたとえ話を語られる。

イエスが明確になさりたい神は、悔い改めた罪人たちを自分の家に喜んで歓待する憐れみ深い神である。それゆえ、評判の悪い人々と交流し、食事を共にすることは、イエスの教えと矛盾しないばかりか、その教えを日々の生活で実践することになる。もし神が罪人たちを赦すのであれば、神を信じている人たちも同じようにすべきだ。もし神が罪人たちを家に歓迎するなら、神を信頼する人たちもそうすべきだ。神が憐れみ深い方であるなら、神を愛する人々も同じく憐れみ深くあるべきだ。イエスが宣べ伝え、その名において活動なさった神こそ、憐れみ深い神であり、ご自身を差し出されたのは、あらゆる人間のなすべき行動の実例、また模範としてそうされたのである。

いや、そこにはそれ以上のものがある。天の父のようになることは、イエスの大事な教えの一つだというより、まさに彼のメッセージの核心である。「父のようであれ」というイエスの言葉がいかに過激で、無理難題な要求であるかは、神の息子、また娘となり、またそうあり続けよという、だれにでも当てはまる召命にそれが含まれると考えると、極めて明瞭となる。

わたしたちはこの世に属しているかぎり、競争社会にさらされ続け、良い行ないはすべて報われるべきだと期待するだろう。しかし、無条件に愛してくださる神に属しているなら、イエスが生きるように生きることができる。イエスの呼びかけた重大な回心とは、この世に属する者から、神に属する者へと移行することだ。

ご自分の死を間近にしてイエスは、弟子たちのために御父にこう祈られた。「(父よ、) わたしが世に属していないように、彼らも世に属していないのです。……父よ、あなたがわたしの内におられ、わたしがあなたの内にいるように、すべての人を一つにしてください。彼らもわたしたちの内にいるようにしてください。そうすれば、世は、あなたがわたしをお遣わしになったことを、信じるようになります」（ヨハネ17・16～21）

わたしたちは、神の家族の息子や娘としてその家の内にいさえすれば、彼のように存在し、彼のように愛し、彼のように善良で、彼のように他の人をケアすることができる。イエスはこのことを、まったく疑う余地のない言い方で、こう説明なさっている。「自分を愛してくれる人を愛したところで、あなたがたにどんな恵みがあろうか。罪人でも、愛してくれる人を愛している。また、自分によくしてくれる人に善いことをしたところで、どんな恵みがあろうか。罪人でも同じことをしている。返してもらうことを当てにして貸したところで、どんな恵みがあろうか。罪人さえ、同じものを返してもらおうとして、罪人に貸すのである。しかし、あなたがたは敵を愛しなさい。人に善いことをし、何も当てにしないで貸しなさい。そうすれば、たくさんの報いがあり、いと高き方の子となる。いと高き方は、恩を知らない者にも悪人にも情け深いからである。あなたがたの父が憐れみ深いように、あなたがたも憐れみ深い者となりなさい」（ルカ6・32～36）

これこそ、福音の核となるメッセージだ。人間が招かれている、互いに愛し合うという生き方は、神の生き方である。父についてのレンブラントの描写と同じく、私心のない積極的な愛をもって互いに愛し合うようにとわたしたちは招かれている。愛することに伴う憐れみは、競争好きなライフ・スタイルに根を張ることはできない。完全無欠なこの憐れみには、競争の気配が少しもあってはならない。それは、敵に対する徹底的な愛であらねばならない。神に受け入れられているだけでなく、神のように他の人を受け入れるためには、わたしたちは天の父に似た者となり、そのまなざしを通して、この世界を見なければならない。

しかし、たとえ話のいきさつやイエスの明解な教えよりもっと重要なのは、イエスご自身だ。イエスは、御父の真の息子である。イエスは、わたしたちが父になることにおける模範である。イエスの内には、あますところなく神が宿っている。神の知識のすべては彼の内に備わっている。すなわち、神の栄光のすべてはイエスの内に保たれ、神の力のすべてはイエスのものだ。イエスと御父との一致はあまりに親密、あまりに完全なので、イエスを見ることは父を見ることなのだ。「わたしたちに御父をお示しください」と、フィリポはイエスに訴えた。イエスは、こう応えられた。「わたしを見た者は、父を見たのだ」（ヨハネ14・9）

イエスは、真の息子とはどういうものかを教えてくれる。イエスは反抗しない弟息子だ。恨むことのない兄息子だ。あらゆることにおいて御父に従順であり、しかも決して隷属していない。御父が言われることはみな聞き入れるが、それが彼を僕《しもべ》にするのではない。実行するようにと御父が遣わしたことをすべて行なうが、完璧に自由のままだ。すべてを与え、すべてを受け取る。

イエスは、次のように公言する。「はっきり言っておく。子は、父のなさることを見なければ、自分からは何事もできない。父がなさることはなんでも、子もそのとおりにする。父は子を愛して、御自分のなさることをすべて子に示されるからである。また、これらのことよりも大きな業《わざ》を子にお示しになって、あなたたちが驚くことになる。すなわち、父が死者を復活させて命をお与えになるように、子も、与えたいと思う者に命を与える。また、父はだれをも裁かず、裁きは一切子に任せておられる。すべての人が、父を敬うように、子をも敬うようになるためである」（ヨハネ5・19〜23）

これこそ、神聖な息子のあり方というものだ。そして、わたしが招かれているのは、そうした息子になることだ。贖《あがな》いの神秘は、神の息子が人間となられたことで、すべての失われた神の子どもたちが、イエスのような神の息子となり、娘となることができる点にある。こうした観点から眺めると、放蕩息子の物語にまったく新しい次元が開けてくる。

御父から愛されている方、すなわちイエスご自身が父の家を離れ、わがままな神の子どもたちの罪を引き受け、彼らを家に連れ戻してくださるのだ。しかも、家から離れている間も、イエスは御父のそば近くに留まり、まったくの従順を通して恨みがましい兄弟や姉妹に癒しをもたらす。こうして、イエスは兄息子であられるだけでなく、わたしのために弟息子にもなられたのは、いかにして父になるかをわたしに示すためだ。イエスによって、ふたたびわたしは真の息子となることができ、真の息子になった者として、ついには天の御父に似た、憐れみ深い者へと成長することができるのだ。

このような霊的父性を備えた存在に成長することは、どれほど骨の折れる困難な課題であろうと、人生の歳月を重ねるにつれて、それがいかに充実したものであるかが分かってきた。レンブラントの絵はこのことが、権力、影響力、あるいは支配と、何らかの形で関係するかのような考え方をすべて排除する。たぶんわたしなら、たくさんの上役は、いつかはいなくなるので、そのときようやく自分は上役になれるという幻想を抱くだろう。しかしこれは、権力を得ることをおもな関心とするこの世的な生き方である。そして、上役たちを追い払うことに人生の大半を費やした当人が、ついにあとがまに着いたとき、前任者と大して変わらない存在になることはよく見られる。

霊的な父性のあり方は、力や操作と何の関係もない。それは、憐れみ深い父親になることである。そして、それをつかみ取るために、放蕩息子を抱き留める父をわたしは見つめ続ける必要がある。

わたしのこうした最善の思いに反し、力を手に入れようと絶え間なく奮闘努力している自分の姿に気づく。つまり、わたしは助言すると、相手がそれに従っているかどうか知りたくなる。助けてあげたときは、感謝されたいと思い、お金をあげれば、わたしの気に入るようにそれを使って欲しいと思う。何か良いことをしたら、それを相手に覚えておいてもらいたい。銅像や記念碑を建てて欲しいとは思わないが、自分が忘れられていないか、いつも気にする。いつの間にか、他人の思いや行為に頼って生きようとしている。

しかし、放蕩息子の父は、自分のことを気にかけない。長い、苦渋をなめた人生は、物事を掌握したいという彼の願望を消し去った。彼の子どもたちだけが唯一の関心の的であって、彼らに自分を与え尽くし、自分のすべてを注ぎ出したいと願っている。

わたしは何の報いも求めずに与え、どんな条件もつけずに愛することができるだろうか？　人から認められたい、情愛を示して欲しいという、わたしの底知れない必要を考えてみると、それは生涯をかけた闘いになるだろう。しかし、同時にわたしが確信しているのは、この自分の必要を踏み越えるごとに、そして、報いを得たいという関心から解放されて行動するごとに、わたしの人生は、神の霊による真の実を結ぶことができるということだ。

この霊的な父性にいたる道はあるだろうか？　それともわたしは、この世に居場所を見つけようとする自分の必要にがっちり捕らわれたまま、結局は、憐れみによる権威の代わりに、力による権威をいつまでも行使し続けるほかないのだろうか？　自分の子たちをライバルと見なすほど、わたしの全存在に競争意識が染みついているのだろうか？

もしイエスが、天の父が憐れみ深いように、わたしも憐れみ深くあれと本当に招いておいでなら、そして、この憐れみ深い生き方への道として、ご自身を差し出しておられるなら、実際のところ、競争するような行動を取り続けることはできない。自分が招かれている「父になる」ことは、可能だと信頼しなければならない。

## 嘆き、赦し、惜しみなく

レンブラントの描いた父の絵を眺めていると、真に憐れみ深い父性へと向かう三つの道が見えてくる。それは、「嘆き」、「赦し」、「惜しみなく」だ。

「嘆き」を、憐れみ深さへの道ととらえるのは不思議に思われるだろう。しかし、そうなのだ。

嘆くことは、世界の罪――わたし自身の罪をも含め――に、わたしの心が突き刺されるままにすることであり、人々のために涙を、しかも多くの涙を流すことだ。多くの涙の伴わない憐れみはない。涙が枯れてしまっても、少なくとも心にあふれ出る涙というものがある。神の子どもたちの、とんでもないわがまま――好色、貪欲、暴力、怒り、恨み――を思うとき、また、わたしがそれらを神の心の目を通して見るとき、嘆きのあまりこう泣き叫ばずにおれない。

見よ、わたしの魂よ、人間が人間に対し、できるだけ痛みを与えようと虐待しているさまを。見よ、自分の仲間を傷つけようと企《たくら》む人々を。見よ、自分の子どもを虐待する親たちを。見よ、労働者を搾取する地主を。見よ、性的暴行を受けた女性たち、悪用された男性たち、捨てられた子どもたちを。見よ、わたしの魂よ、この世のありさまを。強制収容所、刑務所、高齢者施設、病院、そして貧しい人々の叫びを聞け。

このように嘆くことは、祈ることだ。この世の中に、嘆く人はわずかしかいない。しかし、嘆くことは、この世の罪を見据えるという修練であり、愛が花開く自由を得るために支払う、悲しい代償であると知ることである。

わたしは、祈りの多くが嘆きであることに気づき始めている。その嘆きがかくも深いのは、人間の罪の大きさによるだけでなく、同時に――いやそれ以上に――神の愛があまりにも豊かであるからだ。御父に似た者が持つ唯一の権威は、憐れみ深さだ。そのためにわたしは、数知れず涙を流さねばならない。また、どんな人生を歩んだかに関係なくだれでも受け入れる心を整え、その心によって、彼らを赦さねばならない。

霊的父性へと導く第二の道は、「赦し」である。絶えざる赦しを通してこそ、わたしたちは御父のようになる。心から赦すことは、じつに、じつに難しい。不可能に近い。イエスは弟子たちにこう語られた。「(兄弟が)一日に七回あなたに対して罪を犯しても、七回、『悔い改めます』と言ってあなたのところに来るなら、赦してやりなさい」(ルカ17・4)

わたしはよく、「あなたを赦します」と言ってきたが、そう言いながらも、心には怒りと恨みが残った。わたしは結局のところ、「あなたは正しい」と言って欲しかったのだ。じつのところは、謝罪と釈明を聞きたかったのだ。わたしの本音は、お返しに誉めてもらい満足したかったのだ。——赦す気でいることへの称賛だけでも!

しかし、神の赦しは無条件である。すなわち、そこから何も求めない、利己主義のひとかけらもない心からくる。この神からくる赦しこそ、日々の生活でわたしが実践しなければならないものだ。それは、「赦すなんてことは、浅はかで、不健康で、非現実的なことだ」と、自分の内に生まれてくる反論を、絶えず踏み越えていくことへの招きだ。それは、感謝され、誉められたいという自分のすべての必要を踏み越えようというチャレンジだ。行き着くところ、それは心の痛み、不当に扱われたと感じた傷、赦しを求めてきた相手より有利に立ちたいという思い、いくつか条件を加えたいという思いを踏み越えることが求められる。

この「踏み越える」ことは、赦しにおける真の修練である。これはむしろ、「よじ登って越える」と言ったほうがいいかもしれない。わたしの場合、乗り越える必要があるものは、わたしが愛しても、それにほとんど報いてくれない人たちとの口論や怒りで築かれた壁だ。それは、利用されたくない、あるいは、二度と傷つけられたくないという恐れで築かれた壁だ。それは、高慢からくる壁であり、自分がものごとを掌握していたいという願望だ。しかし、この壁を踏み越えたり、よじ登ったりして越えるごとに、御父の住まわれる家に足を踏み入れることができ、そこで、憐れみあふれた本物の愛で、隣人の心に触れることができる。

「嘆き」は、自分の築いた壁を越えて見えるようにさせ、人が喪失を体験したときに生じる底なしの苦しみに気づかせてくれる。それは、人間仲間との真の連帯へとわたしの心を開く。「赦し」は、その壁を踏み越え、何の見返りも期待することなく、わたしの心に他の人々を歓迎するための道を開く。自分は神に愛されている子であることを思い起こすことだけが、喜んでわたしを迎えた御父と同じ憐れみで、帰って来る人々を歓迎することを可能にするのだ。

御父に似た者となるための第三の道は、「惜しみなく」である。たとえ話の中で父は、家出をする息子が求めたすべてを与えただけなく、彼が帰って来たときも、惜しみなく贈り物を与えた。そして、兄息子に向かっては、「わたしのものは全部お前のものだ」（ルカ15・31）と言う。父は自分のために何も取って置かず、子どもたちのために自分自身を注ぎ出す。

感情を害されたのだから、この程度で充分ではないかと思える以上のものを父は差し出す。それどころではない。何のためらいもなく自分を与え尽くす。二人の息子は、どちらも父にとって、「すべて」なのだ。息子たちの中に、父は自分の命そのものを注ぎ込みたい。弟には、上着と指輪と履物を与え、ぜいたくな祝宴を開いて迎え、兄には、父の心の内の、兄だけに与えた場を受け入れるように、また弟と一緒に食卓に着くようにと、しきりに懇願する。その態度は、家長としての振る舞いの限界を明らかに超えている。

これは、良くできた父を描いたものではなく、その善良さ、愛、赦し、ケア、喜び、憐れみに、何の限界も設けない神を描いたものだ。イエスは、当時の文化のあらゆるものを用い、つねにそれらを変容させつつ、神の惜しみない心を表現した。

御父のようになるには、御父が惜しみないように、惜しみなくあらねばならない。御父が自分そのものを子たちに与えるのとまったく同じく、わたしも、自分そのものを兄弟姉妹に与えなければならない。自分を与えることこそ、まさに本物の弟子のしるしだと、イエスははっきりと述べられた。「友のために自分の命を捨てること、これ以上に大きな愛はない」（ヨハネ15・13）

このように自分を与えることは、自然にできるものではなく、修練が必要とされる。わたしたちが闇の子どもであるなら、恐れ、私利私欲、貪欲、権力ですっかり支配されてしまい、生き残りと自己保身がもっぱらの関心事となる。しかし、光の子どもであるなら、完全な愛はすべての恐れを締め出すことを知っているので、自分の持っているすべてを他者に与えることができるようになる。

光の子どもとして、わたしたちは真の殉教者、すなわち、生活のすべてを通して神の限りない愛を証しする者となるために、自らを整える。このようにすべてを与えることは、すべてを得ることになる。イエスはそれを、はっきりとこう述べておられる。「わたしのため、また福音のために命を失う者は、それを救うのである」（マルコ8・35）

惜しみないあり方へ一歩踏み出すたびに、恐れから愛に移りつつあることをわたしは知る。しかし、これらの一歩は、確かに最初は受け入れがたい。それこそたくさんの思いと感情が、惜しみなく与えることに歯止めをかける。わたしの感情を損ねた人のために、なぜ自分のエネルギー、時間、お金を与え、さらに関心さえ払わねばならないのか？　わたしに何の尊敬も示してくれない人と、なぜ生活を共にしなければならないのか？　たぶん、赦すことはできるかもしれない。しかし、その上、与えねばならないとは！

たとえそうであろうと……真実は、霊的な理解において、わたしの感情を害した人もまた、わたしの「血縁」であり「種族」なのだ。「惜しみないこと（generosity）」という単語に含まれるジェン（gen）という語は、性（gender）、世代（generation）、生殖力（generativity）という単語の中にも見られる。ラテン語のジェヌス（genus）、ギリシャ語のゲノス（genos）に由来する「惜しみないこと（generosity）」は、わたしたちが同じ種類の存在であることを教えている。それは、親密な絆で結ばれているという知識にもとづいて与えることだ。真に惜しみないことは、赦すべき人々は、「血縁者」であり、自分の家族に属しているという真理――感情でなく――にもとづく行為である。そして、そのように行動すればするほど、この真理はますます明らかなものとなる。惜しみない態度は、それを信じる家族を創り出す。

このように、「嘆き」、「赦し」、「惜しみなく」は、わたしの中の父なるものを成長させる三つの道である。それらは、父として家にいるという招きの三つの側面である。いまやわたしは弟息子や兄息子として家に帰ることに召されているのでなく、わがままな子どもたちが帰れるように、喜んで歓待する父として家にいることに召されている。ただじっと家に落ちついて待つのはつらい。それは、家出した子どもたちを悲嘆にくれつつ待つことであり、彼らが帰ってきたときに、赦しと新しい命を差し出すという希望を保ちつつ待つことだ。

父としてわたしは、人間の心の渇望はすべて、父の家で満たされると信じなければならない。父としてわたしは、物珍しそうにあちこちさまよい、子どものころ失った機会を埋め合わせしたいという欲求から解放されねばならない。父としてのわたしは、若い時代はすでに終わったのであり、若者向けのゲームに興じるのは、年をとって、死が近いという真理を押し隠す、愚かな企《くわだ》てでしかないと知らねばならない。父としてのわたしは、霊的な大人としての責任をあえて担うべきであり、それぞれの人生の旅路で痛い目にあい、傷ついてきた人たちを、家に歓迎しなければならない。何の見返りも求めず、期待もしない愛で彼らを愛することからのみ、真の喜び、真の充足が得られるのだと、あえて信じなければならない。

この霊的父性には、恐ろしいほどの虚空が存在する。そこには、力、成功、名声、気楽な満足感などはまったくない。しかし、この恐ろしいほどの虚空は同時に、真の自由の場でもある。それは、「失うものは何もない[24]」場であり、だれにも操られない愛の場であり、真の霊的な力が見出される場である。

自分の内にある、恐ろしくも実り豊かなこの虚空を味わうごとに、非難することなしにだれでもそこに迎え入れ、希望を差し出すことができることをわたしは知る。そこでこそわたしは、評価したり分類したり、分析したりする必要なしに、他の人々の重荷を自由に担うことができる。そこにおいてこそ、つまり、裁くことがまったくないこの状態においてこそ、信頼をもたらす自由をわたしは生み出す（engender）ことができる。

かつて死にゆく友人を訪ねたとき、この聖なる虚空をじかに体験した。友人を前にし、わたしは過去について尋ねたり、将来について考えたりする必要を感じなかった。わたしたちは恐れることなく、罪責感や恥を感じることも、気がかりなこともなしに、ただ一緒にいた。その虚空の中で、神の無条件の愛を感じ、老シメオンが幼子キリストを腕に抱いて言った次の言葉を、わたしたちは口にすることができた。「主よ、いまこそあなたは、お言葉どおり、この僕《しもべ》を安らかに去らせてくださいます」（ルカ２・29）

そこに、恐ろしいほどの虚空のただ中に、完全な信頼、完全な平和、完全な喜びがあった。もはや死は敵ではなかった。愛が勝利をおさめたのだ。

何の要求もしない愛が持つ聖なる虚空にわたしたちが触れるたびに、天と地は震え、「神の天使たちの間に喜びがある」（ルカ15・10）。それは、帰宅しつつある息子たちと娘たちを迎える喜びである。それは、霊的父親としての喜びだ。

この霊的父性を成り立たせるためには、家にいるという徹底した修練が求められる。人からの承認や愛情をつねに捜し求め、自己を拒否しているわたしにとって、何の見返りも求めずに一貫して愛し続けることは不可能のように思える。しかし、修練とはまさに、英雄的な功績として自分でそれをなし遂げようとすることを断念することだ。

霊的父性と、それに属する憐れみという権威をわたしが獲得するためには、反抗的な弟と恨みがましい兄を台に上がらせ、父がわたしに差し出す無条件の愛、そして、赦す愛を受け取らねばならない。そして、そこにおいて、御父がなさっているように、わたしも家に落ちついているという召命を見出さねばならない。

このようにして、わたしの内にいる二人の息子は、だんだんと憐れみ深い父へと変容されていくことだろう。この変容は、落ちつきのないわたしの心の、もっとも深い渇望を満たすことに導いてくれる。なぜならわたしにとって、里帰りした我が子らの両肩に、疲れ切った腕を差し伸べ、祝福をこめて両手を憩わせること以上の喜びがあるだろうか。

# エピローグ：この絵を生きる

一九八三年の秋、わたしが初めてレンブラントのポスターを見たとき、家に帰った青年を自分の胸に押しつけている、年老いた父の両手にすっかり魅せられた。わたしはそこに、赦し、和解、癒しを見た。また、平穏、休息、くつろぎも見えた。父と子による命をもたらす抱擁というイメージにわたしは深く感動した。なぜなら、わたしの内のすべてが、放蕩息子のように受け入れられたいと切に望んだからだ。この出会いは、わたし自身の帰郷の始まりとなった。

ラルシュ・コミュニティは、しだいに我が家となった。知的ハンディを持つ男性たち、女性たちが、祝福のしぐさでわたしの上に手を置き、家を提供してくれる存在になるとは、夢にも思い浮かばなかった。

長い間わたしは、知識があり、賢い人たちの中に、安全と安心感を求めてきた。神の国に関することが「幼子のような者」(マタイ11・25)に示されたことに、ほとんど気づいていなかった。すなわち、「神は知恵ある者に恥をかかせるため、世の無学な者」(一コリント1・27)を選ばれたことに。

しかし、自慢できるものを何も持たない人々からの、温かく、さり気ないもてなしを体験し、また、何も問いただすことをしない人々からの愛のこもった抱擁を体験したとき、真に霊的な帰郷とは、天の国に属する心の貧しい者へと立ち返ることだと分かり始めた。御父の抱擁は、知的な貧しさを負った人たちの抱擁を受けたことで、わたしの内で、極めて現実的なものになった。

知的ハンディを負った人々のコミュニティを訪ねている間に、初めてこの絵に接して、救いの神秘に深く根差した、あるつながりに気づくようになった。それは、神によって与えられる祝福と、貧しい者によって与えられる祝福とのつながりである。ラルシュで過ごしたことで、この二つの祝福が本当に一つであることが見えるようになった。オランダ人の巨匠が、わたしの心のもっとも奥深くにある憧《あこが》れに触れさせてくれただけでなく、初めてその絵に出会ったコミュニティで、それらが満たされるかもしれないという気づきに導いてくれた。

フランスのトロリーで、わたしが初めてレンブラントのポスターを見てから、これまでに七年近い歳月が流れ、ラルシュを我が家と決めてからは五年がたった。これらの年月を思い巡らしてみると、知的ハンディを持った人々と彼らのアシスタントたちは、わたしの予期した以上に、すべての面でわたしがレンブラントの絵を「生きる」ようにさせてくれたことに気づく。

ラルシュにある多く家々で受けた温かい歓迎と、わたしも加わった多くの祝宴は、弟息子が家に帰るということの意味を深く体験させてくれた。じつに歓迎と祝宴の二つは、「箱舟（ラルシュ）」での生活の中心的な特徴だと言える。ラルシュには、それこそたくさんの歓迎のしるし、抱擁、接吻、歌、寸劇、お祝いの食事会があるので、外から来る人には、里帰りしたことを祝う会を終生しているかのように映るだろう。

わたしは、兄息子としての物語も生きてきた。サンクトペテルブルクを訪れ、絵の全容を見るまでは、兄息子がどれほど『放蕩息子の帰郷』の中で重要な位置を占めているか、まったく見えていなかった。わたしはそこに、レンブラントが描き出している緊張感に気づいた。そこには、父と弟息子の間の光あふれる和解だけでなく、暗く、深い恨みを抱いた兄息子との隔たりがある。そこには、悔い改めがあり、怒りがある。そこには、親しい交わり《コミュニオン》があり、ぞっとする疎遠がある。そこには癒す温《ぬく》もりがあり、批判的な目の冷たさがある。そこには、慈しみの提供があり、それを受け取ることへのすさまじい抵抗がある。わたしは、自分の内にいる兄息子と出会うのに、それほど時間がかからなかった。

コミュニティでの生活は、暗闇とまったく無縁なわけではない。それどころか、わたしをラルシュに引きつけたかに思えた光は、わたしの内の暗闇を意識させることにもなった。嫉妬《しっと》、怒り、拒否されている、無視されているという思い、溶け込めない感覚――こうしたすべてのことが、赦し、和解、癒しの生活のために奮闘しているコミュニティの現場で表面化してくる。そこでの生活はわたしに、現実的な霊的格闘をスタートさせるものとなった。すなわち、まさに暗闇が迫り来ようとするときに、光に向かって歩み続ける、という闘いだ。

一人で生きているかぎり、わたしの視界から兄息子を隠しておくことはあまり難しくない。しかし、自分の感情を隠さない人々と共に生活し始めるや、自分の内の兄息子に直面させられることになった。コミュニティでの生活は、ロマンチシズムの入り込む余地はほとんどない。そこで絶えず求められるのは、自分を飲み込もうとする暗闇から歩み出て、御父が抱擁してくれる台に上がることだ。

知的ハンディのある人々は、失うものがほとんどない。何のためらいもなく、ありのままの姿を見せてくれる。恐れはもとより愛も、苦悩はもとよりやさしさも、身勝手さはもちろん気前のよさも、あからさまに表わす。彼らは、ただありのままにいるだけで、わたしの緻密な自己防衛の壁を突破し、彼らが正直であるように、わたしも彼らに対して正直であれと迫ってくる。

彼らのハンディは、わたしのハンディをあからさまにする。彼らの苦悩は、わたしの苦悩を映し出す。彼らの傷つきやすさは、わたしの傷つきやすさを見せてくれる。自分の内にいる兄息子に向き合うことを強いてくれたことで、兄息子である自分を家に連れ帰る道を、ラルシュは開いてくれた。わたしを家に歓迎し、お祝いに招いてくれたこの同じ人たちが、回心し切れないでいる自分にわたしを向き合わせ、たどるべき旅路の終着点は、まだはるかに遠いことに気づかせてくれた。

これらの発見は、わたしの人生の根底を揺るがす衝撃を与えたが、ラルシュから受けた最大の贈り物は、父となることへのチャレンジだった。わたしはコミュニティのほとんどのメンバーより年上であり、かつ牧者でもある者として、自分を父として考えることは自然に思える。司祭になる叙階を受けているので、わたしはすでに資格がある。いまこそ、それにふさわしく生活しなければならない。

知的ハンディを持つ人々とアシスタントが住むコミュニティで父になることは、兄息子や弟息子としてのいざこざと格闘するより、はるかに多くのことが求められる。レンブラントの描く父は、苦難によってすっかり空《から》（虚空）にさせられた人だ。多くの「死」の苦しみを通し、受けること、与えることにおいて、彼はすっかり自由になった。彼の差し伸べる二つの手は、乞うことも、つかむことも、要求も、警告も、裁きも、断罪もしない。それは祝福し、すべてを与え、何も期待しない両手だ。

わたしはいま、自分の中にいる子どもを手放すという、困難で、不可能と思える課題と向き合っている。パウロはそのことを、次のようにはっきりと語っている。「幼子だったとき、わたしは幼子のように話し、幼子のように思い、幼子のように考えていた。成人したいま、幼子のことを棄てた」（一コリント13・11）。わがままな弟息子、もしくは怒りっぽい兄息子のままでいることは気楽だ。

わたしたちのコミュニティは、わがままな子と怒りっぽい子でいっぱいだ。そうした仲間に囲まれていると連帯感が生まれてくる。しかし、コミュニティの一員としての生活が長くなるにつれてその連帯感は、はるかに孤独な目的地、すなわち父としての孤独、神の孤独、憐れみの持つ究極の孤独へと向かう通過点に過ぎないことが明らかになる。回心しているとしても、もう一人の兄息子、もう一人の弟息子をコミュニティは求めているのではない。じっと両手を差し伸べ、帰って来る子どもたちの肩にその手を休ませることをいつも願っている父を求めているのだ。

いまだにわたしの内にあるすべてが、この使命に反抗している。自分の中にいる子どもに、わたしはしがみついている。わたしは半盲でありたくない。自分の周りで何が起きているか、はっきりと見ていたい。わたしは子どもたちが帰郷するまで待ちたくない。彼らが遠い国にいるなら、わたしもそこに一緒にいたい。僕《しもべ》たちと畑にいるのであれば、わたしもそこに一緒にいたい。何か出来事が起これば、沈黙したままでいたくない。あらゆるいきさつを知りたがり、数え切れないほど質問を浴びせたい。父に抱いて欲しがる人があまりに少なく、父親とその父性のあり方が多くの問題の元凶だと見なされる時代に、自分の両手を差し出していたくはない。

しかしそれでも、息子としての長い人生ののち、わたしの真の召命は、尽きない憐れみによってひたすら祝福し、何も問いただささず、つねに与え、そして赦し、決して何の見返りも期待しない父となることに間違いないと知った。

コミュニティでは、これらすべてのことが、困惑させられるほど具体的であることが多い。わたしは、何が起こっているかを知りたい。わたしは、人々の毎日の生活の浮き沈みにかかわっていたい。わたしを気にかけて欲しい、招いて欲しい、あれこれ知らせて欲しい。ところが現実は、それにほとんど気づいてくれることもなく、気づいたとしても、それにどう応じてよいか分からないでいる。わたしが関係している人々は、ハンディのある人もない人も、もう一人の仲間、もう一人の遊び相手、さらにもう一人の兄弟さえも求めていない。彼らが求めているのは、彼らが近づこうとするときに、何かを要求してじゃますることをせず、ひたすら彼らを祝福し、赦すことのできる父である。

わたしは、自分が父であるという召命の真実をはっきりと自覚しているが、それと同時に、それに従うことはほとんど不可能のように思える。他の人がみな、さまざまな欲求、あるいは怒りに駆られて外出しているときに、自分だけ家に留まっていたくない。わたしも同じ衝動を感じ、彼らと同じようにあちこち自由に動き回りたい！　しかしそうなれば、いったいだれが家に残るのか？　人々が疲れ果て、憔悴《しょうすい》し、興奮し、落胆し、罪責感を抱き、肩身の狭い思いで帰って来たとき、だれが迎えに出るのか？　要するに、安らぎの場があり、抱き留めてくれる人がいることを、だれが納得させることができるのか？　もし、わたしでないなら、だれがそれをするのか？

父であることの喜びは、わがままな子どもたちの楽しみとは、はるかにかけ離れている。それは、拒絶と孤独を超えたところにある喜び、さらにそれは、人から認められたり、コミュニティに依存することもない喜びだ。その名が天の父に由来し（エフェソ3・15参照）、聖なる神が独り《ソリチュード》でおられることにあずかる父であるという喜びだ。

父となる資質を求める人がほとんどいないことは、驚くにあたらない。その苦しみがあまりにも明らかで、その喜びがあまりに隠されているからだ。それでも、それを受け止めないことは、霊的な大人の人間としての責任を回避することだ。さらに、自分の召命さえも裏切る。そうだ、それ以外の何ものでもない！　しかし、自分の必要のすべてにあまりに反すると思えるものを、どうすれば選択できるというのか？

わたしに次のように語りかける声がある。「恐れるな。御子が、あなたの手を取って、あなたを父性へと導いてくれよう」。この声は、信頼に足るものだと知っている。これまでそうであったように、貧しい人々、弱い人々、社会の底辺にいる人々、のけ者にされた人々、忘れ去られた人々、もっとも小さい人々……彼らはわたしに、彼らのための父を求めるだけでなく、いかに父であり得るかを明らかにしてくれる。真の父性とは、何ごとも要求しない神の愛の貧しさを分かち合うことだ。わたしは、この貧しさに入っていくことを恐れている。しかし、身体的、知的ハンディを通してすでにそこに入っている人たちが、わたしの教師となってくれるだろう。

一緒に住んでいる人々、アシスタントはもちろんハンディを持つ男性や女性たちを見ていると、父性と母性を一つにあわせ持つ父というものへの計り知れない渇望があることに気づく。彼らはみな、拒否され、見捨てられた経験で苦しんできた。すなわち、育ってきた中で傷ついてきた。そのためみなが、神の無条件の愛を受ける価値があるだろうかと案じている。それゆえ、安心して帰ることができ、彼らを祝福する両手が触れてくれる場を、みなが探し求めている。

レンブラントは父を、子どもたちの生き方を超越した人間として描いている。そこには、彼自身が感じた孤独と怒りがあったことだろう。しかしそれらは、苦しみと涙によって変えられてきた。彼の孤独は、果てしなく深まる静まり《ソリチュード》となり、怒りは、尽きることのない感謝となった。このような人にこそ、わたしはならねばならない。父の持つ虚空と憐れみ深さの底知れぬ美しさを見るように、わたしはいま、それをはっきりと見ている。わたしは、自分の内の弟息子と兄息子を、憐れみあふれる成熟した父へと成長させていけるだろうか？

四年前、『放蕩息子の帰郷』を見に、サンクトペテルブルクへ行ったとき、そこで見たことを、どれほど自分が生きねばならないかなど、考えもしなかった。いまわたしは、レンブラントが連れて来てくれた場に、畏怖の念をもって立っている。レンブラントはわたしを、ボロをまとってひざまずいている弟息子から、立って、前に身をかがめた老いた父へと、祝福を受けている場から、祝福を与える場へと、わたしを導いてくれた。

わたしが、年を重ねた自分の両手を見るたびに知らされることは、その手がわたしに与えられたのは、苦悩しているすべての人に向かって差し伸べ、やって来るすべての人の肩の上に憩わせるためであり、神の無限の愛から湧き上がる祝福を差し出すためだ、ということである。

# 出典

## はじめに

（1）これほどまでにへりくだった神の肖像を描くためには、画家はいくつもの死によって死を……。
Paul Baudiquet, *La vie et l'oeuvre de Rembrandt* (Paris: ACR Edition-Vilo, 1984), 210, 238

## 1章　レンブラントと弟息子

（2）「彼は、いっそう鋭い洞察力によって……わざとらしい見てくれに惑わされることがなくなった」
Jakob Rosenberg, *Rembrandt: Life and Work*, 3d ed. (London-New York:Phaidon, 1968), 26

## 2章　弟息子の家出

（3）わたしは十五年以上、……「それは、父に死んで欲しいと願うことです」
Kennneth E. Bailey, *Poet and Peasant and Through Peasant Eyes: A Literary-Cultural Approach to the Parables* (Grand Rapids, Mich.: William B. Eerdmans, 1983), 161-62

（4）「息子のために財産譲渡の署名をしても、……という意味合いがある」Ibid., 164

（5）「その構図が醸《かも》し出す静寂の中で、……永遠に継続するものについてである」
Christian Tümpel (with contributions by Astrid Tümpel), *Rembrandt* (Amsterdam: N. J. W. Becht-Amsterdam, 1986), 350. Author's translation

（6）「この父と子の組み合わせには……その力で死を命へと変容させる聖なる愛と慈しみである」
Jakob Rosenberg, op. cit., 231, 234

## 3章　弟息子の帰郷

（7）人間の血筋からではなく……小羊の血で洗われ、白くなったマントをまとって。

Pierre Marie (Frère), "Les fils prodigues et le fils prodigue," *Sources Vives 13*, Communion de Jerusalem, Paris (March 87), 87-93. Author's translation

## 4章　レンブラントと兄息子

(8) Barbara Joan Haeger, "*The Religious Significance of Rembrandt's Return of the Prodigal Son*:An Examination of the Picture in the Context of the Visual and Iconographic Tradition." Ph.D. diss., University of Michigan (Ann Arbor, Mich.: University Microfilm International, 1983), 173

(9) レンブラントは、文字を追うことより聖書のテキストの精神を汲み取ったのだ。Ibid., 178

(10)「魂の内で起こっているドラマ」Ibid., 178

(11)「冷酷で、復讐心に燃え……攻撃した人物である」
Gary Schwartz, *Rembrandt: zign Leven, zign Schilderijen* (Maarsen, Netherlands: Uitgeverij Gary Schwartz, 1984), 362. Author's translation

(12)「彼女の不利になるような証言を……彼女を精神病院に送り込もうとした」
(Charles L. Mee, *Rembrandt's Portrait: A Bilgraphy* (New York: Simon and Schuster, 1988), 229

(13)「レンブラントは人を雇って、彼女に不利な証拠を……出て来れないようにした」Ibid.

## 6章　兄息子の帰郷

(14)「レンブラントは、兄息子が光を……見る者にまかせられているのだ」Haeger, op. cit., 185-86

(15) 父は息子をそれぞれ愛し……「相手が心変わりすれば変わるような愛は、愛ではない」のだ。
Arthur Freeman, "The Parable of the Prodigal," unpublished manuscript

(16)「情愛のこもった呼びかけ」
Joseph A. Fitzmyer, *The Gospel According to St. Luke,* Volume 2, Cc. x-xxiv. *In The Anchor Bible*□Garden City, N. Y.: Doubleday, 1985), 1084

## 7章　レンブラントと父

(17)「父の愛のたとえ話」
Joseph A. Fitzmyer, op. cit., 1084 参照

(18)「レンブラントの中の霊的なものが……肉体から引き出されている」
Paul Baudiquet, op.cit., 9. Author's translation

(19)「若いときから……それは、年を取るということだ」Ibid.

(20)「目に見えるものを把握したり……独自な心から生まれる愛の火へと変容」
Rene Huyghe, cited in ibid.

## 8章　父は家に歓迎してくださる

(21) *The Jewish Bride*, also called *Isaac and Rebecca*, painted around 1688, Rijksmuseum, Amsterdam

(22) わたしの本心からの反応は、ただただ、深い感謝でしかあり得ない。
ぶどう園のたとえ話についてのこの洞察は、Heinrich Spaemann の感動的な著作に負うところが大きい。
"In der Liebefern der Liebe, Eine Menschheitsparabel（Lukas 15, 11-13)" Kapitel V in *Das Prinzip Liebe* by Heinrich Spaemann (Freiburg im Breisgau: Verlag Herder, 1986), 95-120

## 9章　父は祝宴に招いておられる

(23)「神の子たちはみな靴を……そして、天国中を歩き回ろう」St.10.
*The Interpreter's Bible* 参照（New York and Nashville: Abingdon Press, Vol. 8, 1952), 277

## 結　び

(24)「失うものは何もない」ジャニス・ジョプリン（ロック・シンガー）の曲、"Me and Bobby McGee" の「自由とは何も失うものがないこと」という歌詞を参照。

# 感謝をこめて

この本を書いている間、わたしを支えてくれた多くの人々のことを思うと、最初に思い浮かぶ二人は、コニー・エリスとコンラッド・ウイゾレックである。コニーは、すべての段階の原稿につきあってくれた。また秘書として熱心に、適切な助けをしてくれた。そのお陰で、とても忙しい時期でも、書き続けられただけでなく、落胆したときも、自分のしていることには価値があると信じることができた。コンラッドは、本書のごく初期から完成まで、不可欠な手助けであった。彼の編集、構成と内容についての助言のため、時間とエネルギーを惜しげなく費やしてくれたことに、深く感謝している。

ほかのたくさんの友人たちも、原稿の書き直しで重要な役割を果たしてくれた。多くの改善は、彼らの助言に従った結果である。特別に感謝の言葉をリチャード・ホワイトに贈りたい。彼は個人的にわたしを支え、またプロフェッショナルとしての専門性を気前よく提供してくれた。それは、本書を最終的な形に持っていくのに必要な牽引力となった。

最後に、本書の発行以前に亡くなった三人の友人に特別な感謝の意を表したい。それは、マーレイ・マクダネル、デイヴィッド・オスラー、マダム・ポーリン・ヴァニエである。マーレイの個人的、経済的な支援、デイヴィッドの友情と最初の草稿への温かい応答、マダム・ヴァニエの執筆中のもてなし、それらすべてが大きな励ましの源だった。彼らがいてくれなくて大変さびしい。しかし彼らの愛は死よりもずっと強いものであり、わたしを霊的に導き続けていることを知っている。本書が、真の友情と愛によって結ばれた実であることを思うと、わたしは喜びでいっぱいになる。

# 編集者あとがき

本来なら、片岡伸光氏に「訳者あとがき」を書いていただくのだが、計りがたい神の御旨によって、昨年四月、天に召されることとなった。そこで、編集者が代役をさせていただくことにした。後半で、片岡氏と本書を出版するまでのいきさつ、翻訳作業のご労苦を回顧し、感謝を表わすことにしたい。

＊　＊　＊

近年、ヘンリ・ナウエンの著作、とくに晩年の作品の多くが日本で紹介されるようになった。そこで始めに、それらの著作群を生みだした彼の人生に触れながら、本書の成立した背景について述べてみよう。一九八三年、ナウエンはフランスのトロリーにあるラルシュ・コミュニティで、レンブラント作の『放蕩息子の帰郷』の複製画と初めて出会う（本書6頁）。その絵は、父と息子の抱擁場面のみを複製した縦長のポスターであった。彼はその絵の慰めに満ちた世界に、すっかり魅せられる。そのとき、本書が生まれる最初の胎動が、彼の内で起こったと言えよう。

この二年後の八五年、ナウエンは次の人生の方向を見定めるため、ふたたびフランスのラルシュで一年間の研修休暇に入る。この間の経緯を描いた『明日への道（*The Road to Daybreak*）』（あめんどう）には、放蕩息子についての黙想が書かれている（十一月十七日、十八日付の日記）。一年の滞在を終え、八六年八月末、彼はカナダのデイブレイクに移動する。その少し前に、旧ソ連邦を訪問し、『放蕩息子の帰郷』の実物画を鑑賞する機会を得ている。デイブレイクに入居したナウエンが最初にしたことは、『放蕩息子』のポスターを貼る最適な場所を探すことだった。その絵は、彼の所持品の中で、もっとも大切なものの一つとなっていた。

本書の原書（*The Return of The Prodigal Son*）が最初に出版されたのは九二年であるから、初めてポスターと出会ってから、足かけ九年の歳月が流れている。この間、ナウエンの人生において、もっとも危機的で、もっとも困難な出来事が起こった。当てにしていた友情が壊れ、強度のうつ状態に陥ったのだ。デイブレイクに移り住んでから、一年と少したったときのことだった。そこで彼は、自殺さえも思い浮かべる「魂の夜」を経験する。極度の疲労状態に陥ったために、翌八八年の一月から七月まで、霊的指導や精神療法の専門的なケアを受けるためにコミュニティを離れた。そのとき、唯一読むことができたのが、同じオランダ人のレンブラントについての文献だった（本書31頁）。

約半年後、ようやく彼は病から回復し、デイブレイクに復帰する。名著『イエスの御名で（*In the Name of Jesus*）』（あめんどう）は、翌年の八九年に発表された作品である。のたうち回るような深い苦悩の中で、誰に見せる目的もなく書かれた魂の苦闘の記録は、この暗闇の出来事から八年後の九六年に出版された『心の奥の愛の声（*Inner Voice of Love*）』（女子パウロ会）にまとめられている。九〇年代に入ってから亡くなるまでの六年間は、驚くほどの多作ぶりを発揮し、一五冊以上の単行本を次々と公にした。幸いなことに、そのほとんどを現在、日本語で読むことができる。

本書は、デイブレイクに復帰してから四年をへての出版である。苦しみ悶えながら懸命に自分の内の闇の世界を見つめることによって、絞り出すようにして生まれた省察のいくつかを色濃く反映している。暗闇の体験は友情の破綻がきっかけだったが、父との幼いころからの葛藤も彼の苦悩を生みだした遠因だった。実父との親密な出会いは、九〇年の冬、自動車事故によって瀕死の状態で入院していたときに実現した（115頁）。本書は九〇歳の誕生日を迎えた彼の父に献呈されている。こうした背景で生まれ出た本書は、彼の多くの著作の中で内実共に最高傑作と言われるのもうなずけよう。

本書でナウエンは、イエスの有名なたとえ話とレンブラントがたどった苦難の人生に、自分自身の人生を重ねながら絵についての黙想を深めていく。彼はそこで、神の愛について知ってはいても、自分の中にその無償の愛を受け入れるのを拒否する性質が深く巣くっていることを知らされる。神の愛を自分の心の隅々に染み渡らせることは、何と困難な道だろうか。なぜならそれは、心の内のもっとも深いところにある真の自己と直面することに導くからだ。しかしレンブラントの絵に描かれた愛の父（神）の姿は、それを神の愛のまなざしの中で受け入れていく道を開くものとなった。本書は、その神の愛についてのナウエンの探求と黙想を集大成したものである。しかも「もくじ」を見れば分かるように、彼の他の著作によく見られる一種の様式美さえ備えた見事な構成の助けも得て、読者の人生に深くまっすぐ浸透し、影響を与えずにはおかないだろう。ちなみに原書が出版された同じ年に、テーマの共通する『愛されている者の生活（*Life of The Beloved*）』（あめんどう）も発行されている。

ここで翻訳上の工夫について少し触れたい。原書では、聖書の引用箇所と出展は巻末にまとめてあるが、本書は聖書の引用箇所を文中に示した。ぴったりした日本語になりにくい用語は、英語読みのルビをふった。たとえばソリチュード（solitude）は、「孤独」という訳語を避け、「独り」「静まり」などを採用した。こうした用語は、キリスト教霊性の分野での日本語の成熟を待つしかないのだろう。本書のキーワードの一つであるリターン（return）の訳語として、文脈に応じて、「立ち返る」「帰郷」「帰る」「戻る」「里帰り」等を使い分けた。そこには、「回心」「悔い改め」など、キリスト者になじみ深い意味も含まれると見ることができる。そのほか、必要に応じて原文にない訳注を加えた

＊　＊　＊

片岡伸光氏が、ナウエンの著作に初めて接したのは、八六年であった。友人より、『*Out of Solitude*（静まりから生まれるもの）』（あめんどう）を紹介された。その後、『イエスの御名で』の邦訳が出版されたことをきっかけに、多くの著作を原書で愛読し始める。ナウエンから多くを触発されたこの間の問題意識

は、共著『今日における「霊性」と「教会」』（いのちのことば社）でうかがい知ることができる。『放蕩息子の帰郷』の原書は、九五年のクリスマス、シンガポール滞在中に友人からプレゼントされた。筆者は、その本を拝見させていただいたが、細かな書き込みがたくさんあり、片岡氏がすっかり心を捕らえられた様子が分かる。

九八年、片岡氏は本書を日本に紹介したいとの強い願いを抑えきれず、当社に出版を提案、翻訳をも手がけたいと申し出があった。翻訳に着手したころ、シンガポールの日本人教会から牧師として招聘されることになった。こうして九九年四月、シンガポールに着任し、天に召されるまでの三年間、多忙な牧会生活に献身することになった。筆者は二〇〇〇年の秋、打ち合わせのためにシンガポールを訪問した。熱帯気候の地で、信徒の多様な霊的必要に応えたり、途切れることのない訪問客をもてなしておられる片岡牧師ご家族の姿に接し、翻訳に専念することの困難さがうかがわれた。

二〇〇一年二月のある土曜日、現地教会との合同婦人集会で、片岡牧師は体調の異変を覚える。翌々日、現地の病院に緊急入院し、検査となった。医師から結果を聞いたご家族が、本人にどう伝えるべきか迷っているとき、片岡氏のほうから、「自分はすい臓癌ではないか」と言い当てたそうだ。そのとき病院に持ち込んで読み始めた本が、ナウエンの『*Sabbatical Journey*《サバティカル・ジャーニー》』（『最後の日記』女子パウロ会）であった。その九月七日付の日記に、ナウエンの実母がすい臓癌で亡くなり、著名なバーナーディン枢機卿（ナウエンと同年の九六年召天）もすい臓癌を患っているという記述があり、そこを読んだところだった。その日記にもあるが、片岡氏は自分に課せられた病を「最後の一滴まで飲み干す」（『この杯が飲めますか？』聖公会出版）ことが、自らに課せられた務めではないかと深く受け止める思いが与えられたという。翌三月、急きょ帰国し、東京の病院に入院し、手術を受けられた。その入院中のある日、筆者は病院で翻訳について打ち合わせを行なう。片岡氏は、体力と時間の残されている範囲でできるところまで手がけ、残りを引き継いで欲しいとのご希望を述べられた。手術後、ふたびシンガポールに戻られ、この地上での最後の奉仕に専念なさった。発病してから約一年後、二〇〇二年四月一日に帰国し、同月六日、本書の出版を楽しみにしながら天の父の家に帰郷なさった。

生前、片岡氏が述べられた本書刊行の意義の一つは、「信徒のみでなく、牧会や司牧にあたる教派を越えた日本の教職者にとって、深い慰めと霊的方向を本書が示してくれるだろう」というものであった。この訳者の願いと洞察は、必ずや現実のものになるだろうと信じている。

「止まらざる歩み止めし神なればわれの知らざる御旨あるらん」（伸光『恵床歌』東京の病院にて）

＊　＊　＊

ナウエンの苦闘の跡が刻まれている本書の翻訳は、数々の困難を覚え、訳者も編集者も精神と体力をかなり消耗させた。ようやくここに完成をみることができたのは、翻訳以外の推敲、校正、装丁を含め、ナウエンを敬愛する多くの方による友情あふれる貢献があったからこそである。また、匿名の方々による個人訳を資料として提供くださったことにも感謝したい。ナウエン自身、この本の完成前に三人の特別な友人を失ったと述べ、大きなさびしさを感じつつも友情の実として完成したことを喜んでいる（201頁）。この訳本の制作にかかわった者一同も、ナウエンの心境と同じ思いでいる。

片岡伸光氏の夫人、栄子氏には、おつらい中にもかかわらず、さまざなご助力、資料の提供をいただいたことを、とくに感謝申し上げたい。本書が、父となり母となる招きに応えようとしている多くの男性、女性の霊的旅路のよき助けとなることを願うものである。

二〇〇三年四月　　片岡伸光牧師・召天一周年を迎えて　　小渕春夫

**著者**：ヘンリ・J．M．ナウエン（Henri J. M. Nouwen 1932 - 1996）
オランダ生まれ。カトリック司祭。世界的に認められたキリスト教霊性についての著作家。ノートルダム大学、イェール大学、ハーバード大学で教えた後、亡くなるまでの約十年間、カナダのトロントにあるラルシュ・コミュニティの牧者として知的ハンディのある仲間と生活する。邦訳書『イエスの御名で』『いま、ここに生きる』『愛されている者の生活』『わが家への道』『すべて新たに』『静まりから生まれるもの』（以上、あめんどう、その他多数）

**訳者**：片岡伸光（かたおか・のぶみつ 1948 - 2002）
1948年生まれ。神戸ルーテル神学校卒。関西地区キリスト者学生会主事をへて1986年よりキリスト者学生会（ＫＧＫ）総主事。1999年よりシンガポール日本語キリスト者集会牧師。著訳書：『主の前に静まる』『雅歌（新聖書講解シリーズ）』『信仰生活ハンドブック（監修）』『今日における「霊性」と「教会」（共著）』P. リトル著『恐れず証しをするために』

# 放蕩息子の帰郷

父の家に立ち返る物語

■

2003年5月20日　第1刷発行（上製）
2023年1月20日　第11刷発行（並製）

著者／ヘンリ・ナウエン
訳者／片岡伸光
装丁／倉田明典

発行所／あめんどう
〒101 - 0062 東京都千代田区神田駿河台2 - 1 OCCビル
電話：03 - 3293 - 3603　FAX：03 - 3293 - 3605
郵便振替 00150 - 1 - 566928

ISBN978 - 4 - 900677 - 36 - 4
印刷／モリモト印刷

Printed in Japan